もくじ

- 🥬 COLUMN **野菜の定義①** ……………… 4

北海道・東北地方　5

- 北海道 …………………………………… 6
- 🥬 COLUMN **野菜の品種とは？** ……… 8
- 青森県 …………………………………… 10
- 岩手県 …………………………………… 12
- 宮城県 …………………………………… 14
- 秋田県 …………………………………… 16
- 山形県 …………………………………… 18
- 福島県 …………………………………… 20
- 🥬 COLUMN **野菜の定義②** ……………… 22

関東地方　23

- 茨城県 …………………………………… 24
- 栃木県 …………………………………… 26
- 群馬県 …………………………………… 28
- 埼玉県 …………………………………… 30
- 千葉県 …………………………………… 32
- 東京都 …………………………………… 34
- 神奈川県 ………………………………… 36
- 🥬 COLUMN **野菜の分類** ………………… 38

中部地方　39

- 新潟県 …………………………………… 40
- 富山県 …………………………………… 42
- 石川県 …………………………………… 44
- 福井県 …………………………………… 46
- 山梨県 …………………………………… 48
- 長野県 …………………………………… 50
- 岐阜県 …………………………………… 52
- 静岡県 …………………………………… 54
- 愛知県 …………………………………… 56
- 🥬 COLUMN **「一年草」と「多年草」** …… 58

近畿地方 …… 59

- 三重県 …… 60
- 滋賀県 …… 62
- 京都府 …… 64
- 大阪府 …… 66
- 兵庫県 …… 68
- 奈良県 …… 70
- 和歌山県 …… 72
- COLUMN 日本の主食 …… 74

中国・四国地方 …… 75

- 鳥取県 …… 76
- 島根県 …… 78
- 岡山県 …… 80
- 広島県 …… 82
- 山口県 …… 84
- 徳島県 …… 86
- 香川県 …… 88
- 愛媛県 …… 90
- 高知県 …… 92
- COLUMN 葉っぱを売る？ …… 94

九州・沖縄地方 …… 95

- 福岡県 …… 96
- 佐賀県 …… 98
- 長崎県 …… 100
- 熊本県 …… 102
- 大分県 …… 104
- 宮崎県 …… 106
- 鹿児島県 …… 108
- 沖縄県 …… 110

- 用語集 …… 112

- さくいん …… 118

じゃがいもやたまねぎなど、野菜の種類を紹介する部分の写真は、その都道府県産のものや、文中で触れている品種の写真とは限りません。

野菜の定義①

　私たちは当たり前のように「野菜」という言葉を使っていますが、実は野菜の定義はあいまいで、農林水産省、総務省、厚生労働省など国の行政機関の間ですら違いがあります。農林水産省では、野菜を一般的に次のようなものであるとしています（カッコ部分は著者追記）。

・田畑に栽培されること（栽培されていない山菜などは野菜と区別することが多い）
・副食物であること
・加工を前提としないこと（こんにゃくいもなどは野菜とされない。漬け物のように材料の形がはっきり残っているもの、家庭における簡単な作業は「加工」に含まない）
・草本性であること

　いちご・すいか・メロンは野菜とされ、「菌類」に分類されるしいたけやまつたけは、草本性ではないため野菜の定義からは外れます。ただし、農林水産省ではこの定義も確固たるものではないとしています。たとえば豆類の中で、さやいんげんなど、生のまま食べられるものは農林水産省の定義では野菜になりますが、乾燥させた豆や、大豆のように加工して食用とされるものは野菜ではないとされています。また、じゃがいもは野菜とされますが、その中でも加工用に生産されるものは別のあつかいになります。しかし、一般的には大豆やじゃがいもやしいたけは野菜と認識されることが多いはずです。それは、私たちがスーパーマーケットなどの野菜売り場でこれらの種類を見かけるからです。

　つまり、何を野菜とよぶかは、行政機関がデータを取るためのグループ分け、消費者が買うときのわかりやすさ、といった目的によって変わるのです。

全7道県

北海道・東北地方

日本で最も北にあり、日本の面積の約5分の1を占める北海道と、本州最北端で6県からなる東北地方は農業がとてもさかんで、野菜の名産物もたくさんあります。冬はとても寒くなり、雪が積もる地域も非常に多いのですが、その気候に合った野菜づくりに取り組んでいます。

北海道・東北地方

北海道

人口…………535万人
面積…………83,424平方キロメートル
道庁所在地…札幌市
主な作物……じゃがいも・たまねぎ・にんじん・だいこん・かぼちゃ

　日本一の広さをほこる北海道は、日本の耕地面積の4分の1をしめています。じゃがいも（ばれいしょ）・にんじん・たまねぎ・かぼちゃ・スイートコーン・アスパラガス・大豆・小豆など、収穫量が全国1位の種類がたくさんあり、日本の台所をささえています。食用ゆり（ゆり根）やてんさい（ビート）のように、北海道以外の都府県ではほとんどつくられていない種類もあります。

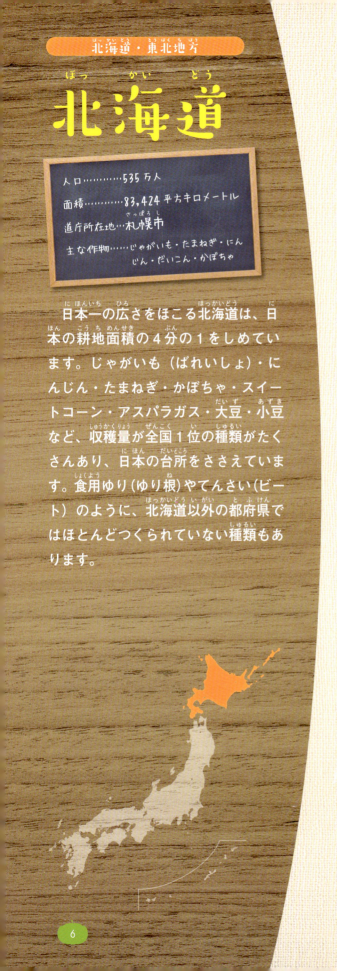

日本のたまねぎの約8割が北海道産！

たまねぎ

ヒガンバナ科ネギ属の多年草。私たちが食べている部分は葉のつけ根にあたります。暑さに弱いため、すずしい地域での栽培（植物や菌類を植えて育てること）がさかんです。

北海道では「とうきび」とよばれます。

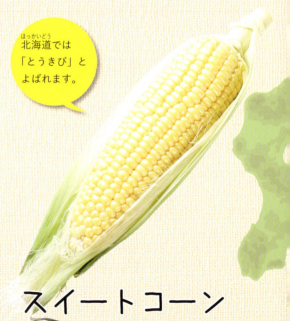

スイートコーン

イネ科トウモロコシ属の一年草。1メートルから4メートルほどまでのびる茎の中ほどにできる果実を食用とします。東部に広がる十勝平野の芽室町が日本一の産地として知られています。

北海道・東北地方

知ってる？
夕張メロン

石炭の街として栄えた夕張の大地は、農業に適しているとは言えない火山灰質でした。そのような作物を選ぶ土地でも育つ特産品を生み出そうという努力の末に生まれた夕張メロンは、現在では日本を代表するブランドメロンとして知られています。

写真提供：夕張市農業協同組合

じゃがいも

ナス科ナス属の多年草。地下茎を食用とする野菜です。芽やその根元、日光があたって緑色になった部分にはソラニンなどの天然毒素が含まれており、食べるときはそのまわりごと切り取る必要があります。さまざまな種類の収穫量が全国1位の北海道を代表する野菜で、日本のじゃがいもの約8割が北海道産です。

道庁所在地　札幌市
夕張市
芽室町

知ってる？
じゃがいも生産日本一

約300年前に北海道に伝来したじゃがいもは、明治時代にさかんにつくられるようになりました。北方開拓による移住者の食料を確保するために、開拓使が寒さに強いじゃがいもの生産を奨励したためです。現在は「男爵薯」「メークイン」「キタアカリ」「ホッカイコガネ」など、約50種類の品種がつくられています。

写真提供：北海道農政部

COLUMN

野菜の品種とは？

　野菜には、「じゃがいも」「だいこん」「にんじん」「ねぎ」「はくさい」など、さまざまな「種類」があります。そして、1つの種類の中にもたくさんの「品種」があります。

　じゃがいもなら、「アスタルテ」「インカのめざめ」「インカレッド」「キタアカリ」「キタムサシ」「コナフブキ」「スノーデン」「男爵薯」「十勝こがね」「パールスターチ」「ホッカイコガネ」「紫いも」「メークイン」など、数え切れないほどの品種が存在します。青果店やスーパーマーケットなどのお店では、基本的に種類の名前が書かれて売られていますが、パッケージなどに品種名が書いてあることもあるので、見たことがある人もいると思います。また、たとえば「下仁田ねぎ」のように有名なブランド野菜の場合、単なるねぎではなく、下仁田ねぎを欲しい人が多いため、種類ではなく品種の名前で売り出すのが一般的です。

　お店などで両方を目にすることもあるので、混乱してしまうかもしれませんが、動物で言うなら、「犬」が種類で、「ウェルシュ・コーギー」や「チワワ」や「ドーベルマン」が品種といった違いと考えるとわかりやすいかもしれません。

　品種は名前だけではなく、見た目や味、育ちやすい条件なども違っています。ここでは参考に、じゃがいもの品種を4つ、写真と合わせて紹介します。写真を見ればわかるように、実の色や形に違いがありますが、店では見ることのできない花も、それぞれ色や模様が違っています。味や、適している料理もさまざまで、じゃがいもはポテトチップスに向いた品種が開発されるほどです。野菜に興味を持ったら、ぜひ好きな野菜にどんな品種があるのかを調べてみてください。

北海道・東北地方

「インカのめざめ」
黄色い実と栗のような甘みと食感が特徴。長期保存が難しいため流通量の少ない品種ですが、近年はインターネット通販で購入することもできます。

「キタアカリ」
男爵薯と同じような形で、インカのめざめほどはっきりした色ではありませんが、黄色い実が特徴です。味がよく、ビタミンCも豊富です。

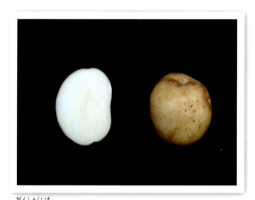

「男爵薯」
日本で一番食べられているじゃがいもで、単に「じゃがいも」として売られているじゃがいもの多くが男爵薯です。保存しやすく、さまざまな調理法でおいしく食べられる品種です。

「メークイン」
細長い形が特徴で、スーパーマーケットなどでもよく見かける品種です。男爵薯の次に食べられているじゃがいもです。男爵薯よりもデンプンの量が少なく、煮たときにくずれにくいため、カレーや肉じゃがなどによく用いられます。

北海道・東北地方

青森県

- 人口…………129万人
- 面積…………9,646平方キロメートル
- 県庁所在地…青森市
- 主な作物……にんにく・ごぼう・やまのいも・だいこん・にんじん

　本州の最北端にある青森県は、一年を通して寒冷な気候をいかしたりんごの栽培で知られていますが、野菜の生産もさかんにおこなわれています。にんにくとごぼうは、全国1位の収穫量をほこります。特ににんにくは、国内で生産されるものの約7割が青森県産という一大産地になっています。そのほかにも、やまのいも・だいこん・にんじん・じゃがいもなどさまざまな種類が生産されています。

とろろの材料に用いられます。

やまのいも

ヤマノイモ科ヤマノイモ属のつる性多年草。「山芋」「自然薯」ともよばれます。ハート型の葉が地上にしげり、地中にのばした根の下にやまのいもができます。

中国では薬草として使われていたほど栄養価の高い野菜です。

ごぼう

キク科ゴボウ属の多年草。欧米では食べる習慣がない野菜です。地中に1メートル以上ものびる根の部分が食用とされます。青森県では三沢市を中心に栽培されています。

知ってる？
筒井紅かぶ・笊石かぶ

青森市内で漬け物用の赤かぶとして伝統的につくられている野菜です。一時期は生産する農家が極端に減ってしまいましたが、県の積極的な取り組みなどによって、少しずつ収穫量が増えています。

写真提供：青森市青森産品支援課

北海道・東北地方

にんにく

ヒガンバナ科ネギ属の多年草。「鱗茎」ともいう肥厚した葉を食べる野菜ですが、茎を食用とすることもあります。独特の強い香りをいかし、調味料・香辛料としても多く利用されます。地上にのびた葉には、初夏に花が咲きますが、地下茎を大きく育てるために、食用のものはつぼみのうちに取り除いて栽培します。

県庁所在地
青森市

三沢市

南部町

田子町

知ってる？
にんにく生産日本一

日本一の産地として知られる田子町や、ブランド品種「福地ホワイト」の原産地である南部町福地地区をはじめ、青森県では、県の南東部を中心ににんにくの栽培がさかんです。青森県産のにんにくは、冬の寒さによって甘みが強くなるのが特徴です。また、外国産のものに比べて粒が大きいため、料理に使いやすい点も好まれています。

写真提供：青森県農林水産部農林水産政策課

北海道・東北地方

岩手県

人口‥‥‥‥126万人
面積‥‥‥‥15,275平方キロメートル
県庁所在地‥‥盛岡市
主な作物‥‥‥ピーマン・アスパラガス・キャベツ・きゅうり・レタス

　県として日本一の広さをほこる岩手県は、東京・神奈川・千葉・埼玉の4つの都県がすっぽり入ってしまうほどの面積があります。夏でもすずしい気候をいかして、ピーマン・きゅうり・だいこん・ほうれんそう・レタス・はくさいなどの生産がさかんにおこなわれています。県の南にある一関市を中心に生産されているトマトは、昼と夜の温度差によって生まれる強い甘みが特徴になっています。

> 白いホワイトアスパラガスは同じ品種で育て方が異なります。

アスパラガス

キジカクシ科クサスギカズラ属の多年草。地上にのびる若い茎と、うろこのような葉が食用部分となります。南西部にある金ケ崎町を主な産地に、春から初夏にかけて収穫が行われています。

> 乾燥させて「山かんぴょう」という保存食にする地域もあります。

うるい

キジカクシ科ギボウシ属の多年草。野山に自生する山菜で、「オオバギボウシ」ともよばれます。やわらかい葉や茎が食用になり、独特の苦みとぬめりがあります。

知ってる？
寒締めほうれんそう

ハウスの中で成長したほうれんそうをすぐに収穫せず、1～2週間ほど冬の寒さにさらしたものが「寒締めほうれんそう」です。寒さによって濃い緑色をした葉が縮んで厚くなり、甘味が凝縮されるのが特徴です。

写真提供：JA新いわて

北海道・東北地方

岩泉町
いわいずみちょう

県庁所在地
盛岡市
もりおかし

金ケ崎町
かねがさきちょう

一関市
いちのせきし

ピーマン

ナス科トウガラシ属の一年草（熱帯地方では多年草）。トマトと近縁ですが、トマトのように房にならず、枝が二股に分かれたところに1個ずつできる果実を食べます。とうがらしを品種改良して辛さをなくしたもので、一般的に食べられている緑色のピーマンは、まだ果実が未熟なうちに収穫したものです。収穫しないでおくと、果実はやがて色がつき甘みが増していきます。

知ってる？
安家地大根

県の北東部に位置する岩泉町安家地区で、代々栽培されてきた伝統的な野菜です。水分が少なく繊維質が豊富なことから、保存性の高い貴重な食材として地域で広く親しまれていました。近年は、昔の食文化を今に伝える食材として見直され、収穫量が徐々に増えています。鮮やかな赤色が特徴で、彩りのよい薬味として使われます。

写真提供：スローフード岩手

北海道・東北地方

宮城県

人口………233万人
面積………7,282平方キロメートル
県庁所在地…仙台市
主な作物……いちご・せり・きゅうり・みずな・しゅんぎく

　宮城県の中心部には、東北地方で一番広い平野であり、米の名産地である仙台平野が広がっています。県内産の野菜ではいちごの収穫量が一番多く、「仙台いちご」とよばれる人気ブランドになっています。また、「春の七草」の一つであるせりや、パプリカの収穫量は全国1位です。パプリカは、東北地方の中でも冬はあたたかく、夏はすずしい気候をいかしたハウス栽培（ビニールハウスで農作物を育てる栽培方法）が行われています。

湿地など水分の多いところで生育します。

せり

セリ科セリ属の多年草。30センチほどにのびるやわらかい茎と葉を食べます。「春の七草」の一つで古くから食べられており、『万葉集』にもその名が記されています。

「カラーピーマン」ともよばれます。

パプリカ

ナス科トウガラシ属の一年草（熱帯地方では多年草）。ピーマンよりも大型で赤・黄・紫など様々な色の品種があり、強い甘みが特徴です。

北海道・東北地方

県庁所在地
仙台市(せんだいし)

いちご

バラ科オランダイチゴ属の多年草。果物というイメージがありますが、農林水産省の定義では野菜となります（詳しくは4ページのコラムで説明しています）。いちごの表面には種のような粒がたくさんありますが、この一つ一つが果実にあたり、甘みのある果肉の部分は「花床（花托）」とよばれる、花のつく台にあたる部分が大きく成長したものです。

知ってる？

仙台白菜(せんだいはくさい)

明治時代に中国から伝来したはくさいは、宮城県でいち早く栽培され、さかんに品種改良が行われました。その結果、大正時代の宮城県ははくさいの一大産地となり、「仙台白菜」というブランド名で全国的に知られていました。その後、他の品種に押されて収穫量が減っていましたが、東日本大震災からの復興を目指す県のシンボルの一つとして再び注目され、近年は栽培に力が入れられています。

写真提供：宮城県農産園芸環境課

北海道・東北地方

秋田県

人口…………101万人
面積…………11,638平方キロメートル
県庁所在地…秋田市
主な作物……えだまめ・じゅんさい・アスパラガス・ねぎ・花みょうが

日本を代表する「米どころ」として知られる秋田県は、「あきたこまち」をはじめとしたブランド米の生産で有名ですが、すずしい気候をいかした野菜の栽培もさかんに行われています。ほうれんそう・アスパラガス・ねぎ、甘みの強さと香りのよさが特徴のえだまめなどがつくられています。また、県の北西部にある山本郡三種町は、日本一のじゅんさいの生産地として知られています。

春から夏にかけての収穫期には沼に小舟を浮かべて収穫を行います。

じゅんさい

ハゴロモモ科ジュンサイ属の多年草。主に、淡水の沼に生える水草で、沼の底から水面に向かってのびた茎の新芽を食用とします。独特のぬめりがあり、つるつるとした食感が特徴です。秋田県は収穫量が全国一で、北西部にある三種町が主な産地です。

さやの中に入った実を食べます。

えだまめ

マメ科ダイズ属の一年草である大豆を未成熟な状態で収穫したもの。農林水産省の分類では大豆は豆類で、えだまめは野菜になります。50センチほどの高さにのびた茎に、ふさ状のさや（外側の皮）がついたものを枝ごと収穫します。秋田には「あきたほのか」などのオリジナル品種があります。

知ってる？
白神ねぎ

「白神ねぎ」は、世界自然遺産「白神山地」のふもとである能代市と藤里町で栽培されるブランド品種です。太さと柔らかくシャキシャキした歯ごたえが特徴で、秋田名物の「きりたんぽ鍋」にも使われます。

写真提供：あきた白神農業協同組合

北海道・東北地方

知ってる？
いぶりがっこ

雪深い秋田県では、漬け物用の大根を冬の屋外で十分に干すことができません。そのため、囲炉裏の上に吊るし、くん製にして干していたことから、独特の味わいと歯ごたえのある漬け物「いぶりがっこ」が生まれました。「がっこ」とは秋田の方言で「漬け物」という意味で、それを「燻す」ことから、この名でよばれるようになりました。

写真提供：一般社団法人秋田県観光連盟

藤里町
能代市
三種町
県庁所在地
秋田市

北海道・東北地方

山形県

人口………111万人
面積………9,323平方キロメートル
県庁所在地…山形市
主な作物……すいか・さといも・きゅうり・
えだまめ・かぶ

　山形県は全国1位の収穫量をほこるさくらんぼのほか、ももやぶどうなど、果物の名産地として有名です。野菜の品種の中では、県の北東部にある最上地方を中心にきゅうりの生産がさかんで、山形の郷土料理である「だし」にも使われています。また、農林水産省の定義では野菜に分類されているメロンやすいかの生産もさかんで、どちらも強い甘みが特徴になっています。

地下の茎が大きくなった部分を食べます。

さといも

サトイモ科サトイモ属の多年草。地中に植えた「種いも」の上に「親いも」ができ、そこにつらなって「子いも」と「孫いも」がなります。

95％以上が水分です。

きゅうり

ウリ科キュウリ属のつる性一年草。長くのびたつるにできた果実を、熟しきる前に収穫して食べます。熟すと黄色くなるため、「黄瓜」とよばれたのが名前の由来です。

知ってる?

赤かぶ

鶴岡市の温海地域で栽培される「温海かぶ」、新庄市で栽培される「最上かぶ」をはじめ、県内の12品種が伝統野菜として認定されています。その名の通り、どの品種もあざやかな赤色が特徴です。

写真提供：山形県

北海道・東北地方

新庄市

鶴岡市

尾花沢市

県庁所在地
山形市

すいか

ウリ科スイカ属のつる性一年草。強い甘みが特徴で、スーパーなどでは果物売り場に置かれていますが、農林水産省の定義では野菜となります。4千年前の古代エジプトで栽培されていたと言われ、日本では江戸時代から栽培されています。山形県は全国3位の収穫量をほこり、県内では尾花沢市が生産の中心となっています。

知ってる?

だだちゃ豆

「だだちゃ」とは「お父さん」を意味する庄内地方の方言です。その昔、庄内藩に枝豆好きの殿様がいて、毎日のように使いの者に枝豆を持ってこさせて「今日はどこの"だだちゃ"の枝豆か?」とたずねたことからこの名がついたと言われています。鶴岡市を中心に栽培されており、ゆでるととうもろこしに似た甘い香りがします。

写真提供：山形県

北海道・東北地方

福島県

- 人口…………190万人
- 面積…………13,784平方キロメートル
- 県庁所在地…福島市
- 主な作物……トマト・きゅうり・さやいんげん・アスパラガス・にら

　県の東部には阿武隈高地、中部には奥羽山脈という山地がのびており、その山地によって県内は大きく3つの地方にわけられています。その中部にある須賀川市を中心に、夏から秋にかけてきゅうりの生産がさかんです。東部の海沿いの地域では、あたたかい気候をいかしてトマトのハウス栽培が行われており、標高の高い西部ではさやいんげんが生産されています。

夏秋きゅうりの収穫量は福島県が日本一！

きゅうり

　収穫量は全国4位で、特に夏秋きゅうりの栽培がさかんです。夏は気温が高く、秋は冷たい風の影響を受けにくい環境をいかしたきゅうりづくりが行われています。

完熟した果実を乾燥させたものが「いんげん豆」です。

さやいんげん

　マメ科インゲンマメ属の一年草。熟す前の果実をさやごと食べるのが一般的です。福島県の収穫量は全国2位です。

トマト

北海道・東北地方

ナス科ナス属の一年草（熱帯地方では多年草）。長くのびる茎につく果実を食べます。一年を通じて日照時間の長い、太平洋に面するいわき市を中心に大規模なハウス栽培が行われているほか、標高が高い南会津地域などでは、昼と夜の気温差をいかした甘みの強い品種を生産するなど、地域に合ったトマトづくりが行われています。

知ってる？

会津伝統野菜

会津地方で昔から栽培されてきた15品目が「会津伝統野菜」に認定されています。春先に雪の下から収穫される、強い辛みが特徴的な「雪中あさづき」や、そばの薬味などに使われる「アザキ大根」など、地域特有の食文化を育んできた野菜ばかりです。また、皮が固いために長期保存がきく「会津小菊かぼちゃ」は、戊辰戦争時に籠城していた会津藩士が食べていた食材としても知られています。

COLUMN

野菜の定義②

　4ページに引き続き、野菜の定義について見ていきましょう。先ほども紹介したように、農林水産省の定義では、大豆は野菜ではなく「豆」に分類されます。しかし、大豆を未成熟な状態で収穫するえだまめは、生のままか、お湯でゆでる簡単な作業で食べられるので野菜に分類されています。同じ種類でも、じゃがいものように使用方法の違いだけでなく、収穫時期によっても分類が変わるのです。

　農林水産省は野菜をさらに分類しており、だいこんなどの「根菜類」、はくさいなどの「葉茎菜類」、トマトなどの「果菜類」、いちごなどの「果実的野菜」、しょうがなどの「香辛野菜」があります。米・麦・雑穀（あわ・ひえなど）・いも・豆・さとうきび・茶などは野菜とは別のあつかいになり、きのこ類や山菜なども、木材以外の林野からとれるものを指す「特用林産物」とされています。また、コーヒー豆やカカオ豆は豆類ですが、「飲料用作物」とされ、大豆やらっかせいとは別の分類になります。

　この本で「野菜」として紹介する農産物やその名称は、基本的には農林水産省の定義にのっとっています。ただし、さつまいもやらっかせい、一部のきのこ類など、スーパーマーケットで野菜売り場に置いてあるものや、こんにゃくいものように加工が前提となるものなど、野菜とはされないものも一部取り上げています。この本で紹介する農産物と、農林水産省の野菜の定義は完全に一致するものではありません。

全7都県

関東地方

　1都6県からなる関東地方には、首都である東京都を中心に、たくさんの住宅や商業施設がある日本最大の都市圏があります。そのため、政治や経済の中心という印象もありますが、山の多い日本の中で最大の平野である関東平野の地理をいかして、野菜づくりもさかんに行われています。

関東地方

茨城県(いばらきけん)

```
人口‥‥‥‥290万人
面積‥‥‥‥6,097平方キロメートル
県庁所在地‥‥水戸市(みとし)
主な作物‥‥‥はくさい・れんこん・さつま
       いも・みずな・レタス
```

　関東地方の北東部に位置する茨城県の中央部から南西にかけて、関東平野が広がっています。関東平野の一部である常総台地では、はくさい・ごぼう・レタスなどがつくられており、はくさいの収穫量は全国1位です。また、県の南東部ではピーマンの栽培がさかんで、こちらも全国1位の収穫量をほこります。そのほかにも、ちんげんさい・トマト・さつまいもなどたくさんの品種がつくられています。

種まきから50日前後で収穫できます。

ちんげんさい

　アブラナ科アブラナ属の一年草。茨城県では霞ヶ浦に面する行方市を中心に、一年を通して栽培されています。中華料理で使われることが多いほか、サラダなどにも使用されます。

ハスの花は「蓮華」ともよばれ、その根という意味で漢字では「蓮根」と書きます。

れんこん

　ハス科ハス属の多年草。水面に1メートル以上までのびて花を咲かせるハスの地下茎を食用とします。茨城県では土浦市を中心に栽培され、収穫量は日本一です。

知ってる？

ほしいも

さつまいもを蒸して乾燥させた保存食であるほしいもの生産が江戸時代からさかんに行われ、全国のおよそ9割が茨城県でつくられています。原料となるさつまいもの栽培もさかんで「玉豊」という品種が代表的なものとして知られています。

写真提供：茨城県農林水産部

関東地方

県庁所在地
水戸市

鉾田市

土浦市

行方市

鹿嶋市

はくさい

アブラナ科アブラナ属の二年草。茎から重なり合うようにしげった葉を食用とします。夏に種をまき、秋冬に収穫するのが一般的ですが、茨城県では、秋から冬にかけて種をまき、春に収穫する「春はくさい」の栽培もさかんに行われています。春に収穫されるはくさいは、秋冬に収穫されるものにくらべてやわらかいのが特徴です。

知ってる？

メロン生産日本一

太平洋に面する鉾田市や鹿嶋市を中心にメロンの栽培がさかんで、その収穫量は日本一となっています。火山灰からなる水はけのよい土壌（農作物を育てる土地）や、一年を通じて温暖な気候はメロンの生育に適しており、春から秋にかけてハウス栽培が行われています。茨城県オリジナルの「イバラキング」をはじめとした様々な品種が栽培されています。

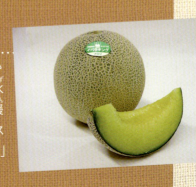

写真提供：茨城県農林水産部

関東地方

栃木県

```
人口..........196万人
面積..........6,408平方キロメートル
県庁所在地...宇都宮市
主な作物......いちご・かんぴょう・にら・
              トマト・たまねぎ
```

　関東地方で面積が一番広い栃木県は、北部・東部・西部を山地にかこまれ、県の中央部から南部にかけて関東平野が広がっています。平野部の南東部にある真岡市を中心につくられているいちごと、県の南部を中心に生産されているかんぴょうの収穫量は全国1位をほこります。にらの収穫量も多く、標高の高い地域では、すずしい気候をいかしてほうれんそうもつくられています。

のり巻きの具によく用いられます。

かんぴょう

　ウリ科ユウガオ属のつる性一年草である、ゆうがおの果肉をうすく長くむいて乾燥させたものです。別名を「瓢」というゆうがおを干すことから「干瓢」と名づけられました。

写真提供：栃木県干瓢商業協同組合

宇都宮市の名物である餃子に欠かせない野菜です。

にら

　ヒガンバナ科ネギ属の多年草。地上にのびる葉の部分を食べます。独特のにおいは、疲労回復などに効果がある「アリシン」という成分によるものです。栃木県は全国2位の収穫量をほこっています。

知ってる？
かんぴょう生産日本一

かんぴょうは7月から8月にかけて収穫したゆうがおの果肉を、夏の日差しの下で干してつくります。国内では栃木県と茨城県などで生産されており、うち9割以上が栃木県産です。県内では南部の上三川町、下野市、壬生町が主な産地となっています。

写真提供：栃木県干瓢商業協同組合

関東地方

県庁所在地
宇都宮市

上三川町
壬生町
真岡市
下野市

いちご

栃木県で生まれたいちごの品種として広く知られているのが「とちおとめ」です。粒が大きくてしっかりとした甘みがあるのが特徴で、県内で最も多く栽培されている品種です。また、東日本を中心に、県外でもさかんに栽培されています。他にも「スカイベリー」や「なつおとめ」など、たくさんの品種が栽培されています。

知ってる？
いちご生産日本一

栃木県がいちごの収穫量日本一を誇るのにはいくつかの理由があります。一年を通じて日照時間が長い、昼夜の寒暖差が大きい、といったつくる上での利点と、消費地である首都圏が近いため、鮮度の高いいちごを出荷しやすいという流通面での利点をいかした上で、昭和20年代から栽培方法や品種の改良がさかんにおこなわれてきました。

写真提供：栃木県農業試験場いちご研究所

関東地方

群馬県

人口…………196万人
面積…………6,362平方キロメートル
県庁所在地…前橋市
主な作物……こんにゃくいも・キャベツ・
　　　　　　ふき・キャベツ・モロヘイヤ

　北東・北西・南西を山でかこまれ、山地が多い群馬県ですが、山のすそ野や高地、平野部で野菜の栽培がさかんに行われています。特に県の北部を中心につくられているこんにゃくいもの生産量は全国1位で、全国の生産量の9割以上が群馬県産です。西部にある高原地域では、すずしい気候をいかしたキャベツの栽培がさかんです。また、春に収穫されるふきの生産量は全国2位になっています。

結球しない品種もあります。

キャベツ

　アブラナ科アブラナ属の多年草。葉が食用とされ、結球する（球のように葉が丸く重なるように巻くこと）品種が一般的です。群馬県では、春に種をまき、秋に収穫されるものが中心となっています。

日本原産の野菜です。

ふき

　キク科フキ属の多年草。草地に生える山菜で、葉と葉の柄の部分を食べます。春に土から顔を出すつぼみも食用部分で、春のおとずれを知らせる食材「ふきのとう」として有名です。

知ってる？

下仁田ねぎ

熱を加えることによって出る、とろりとした食感と甘みが特徴の下仁田町の名産品です。江戸に住む大名が下仁田ねぎを急いで送るようにと頼んだ手紙が残されており、少なくとも江戸時代には栽培が開始されていたことがわかっています。

写真提供：ググっとぐんま写真館

関東地方

こんにゃくいも

サトイモ科コンニャク属の多年草。地上に葉柄がのび、その先に葉がつきます。地下では球状の茎である「球茎」が3年ほどの時間をかけて成長します。それを加工したものが「こんにゃく」とよばれ、食用とされています。県の北部の水はけのよい土壌をいかしてさかんに栽培されており、日本一の収穫量をほこっています。

嬬恋村

県庁所在地
前橋市

下仁田町

知ってる？

嬬恋高原キャベツ

標高700メートルから1400メートルの高原地域では夏秋キャベツの栽培がさかんに行われています。夏でもすずしい気候がキャベツの生育に適しており、昼夜の寒暖差によって生まれる甘みが特徴です。群馬県では昭和初期から本格的にキャベツの栽培が開始され、特に嬬恋村の「嬬恋高原キャベツ」がご当地ブランドとして広く知られるようになりました。

写真提供：嬬恋村役場観光商工課

関東地方

埼玉県

```
人口…………728万人
面積…………3,798平方キロメートル
県庁所在地…さいたま市
主な作物……さといも・ほうれんそう・ねぎ・
          こまつな・かぶ
```

埼玉県は西部に山地が多く、中部と東部には関東平野が広がっています。平野部を中心に野菜の栽培がさかんに行われており、主に深谷市でつくられているねぎは、甘みが特徴的な「深谷ねぎ」というブランドとしても有名です。また、入間市を中心につくられているさといもや、水はけのよい土をいかしてつくられているほうれんそうは全国2位の収穫量をほこっています。

写真のような葉先が丸い西洋種と、葉が細く先のとがった東洋種が流通しています。

ほうれんそう

ヒユ科ホウレンソウ属の一年草。寒さに強い野菜で、秋に種をまき冬に収穫するのが一般的です。江戸時代に中国から伝わった東洋系の品種と、西洋系の品種があります。

県北部では「深谷ねぎ」などの秋冬ねぎ、県東部では「吉川ねぎ」などの夏ねぎの生産がさかんです。

ねぎ

ヒガンバナ科ネギ属の多年草。埼玉県は全国2位の収穫量をほこっています。写真のような主に白い部分を食べる「根深ねぎ」と、緑の葉の先まで食べられるやわらかい「葉ねぎ」とに分類できます。

関東地方

さといも

地上にのびた茎に大きな葉がしげり、地下茎の大きくなった部分が食用部分です。東南アジアでは「タロイモ」とよばれ、パプア・ニューギニアをはじめ、主食にしている地域もあります。

知ってる？

深谷ねぎ

深谷市を中心に埼玉県北部の利根川流域で栽培されているねぎは「深谷ねぎ」というブランドとして全国的に知られています。江戸時代よりさかんにつくられていた藍にかわり、明治時代から栽培が開始されました。収穫期によって「春ねぎ」「夏ねぎ」「秋冬ねぎ」に分かれ、12月頃から出荷される「秋冬ねぎ」は、寒さによって特に甘みが強くなります。

写真提供：深谷市役所農業振興課

関東地方
千葉県

- 人口　　　　623万人
- 面積　　　　5,158平方キロメートル
- 県庁所在地　千葉市
- 主な作物　　らっかせい・さといも・すいか・ねぎ・かぶ

　千葉県の大部分は、太平洋に突き出るようにのびる房総半島です。土地のほとんどは平坦で、標高500メートル以上の山地がないただ一つの都道府県です。八街市を中心につくられているらっかせいは、国産のおよそ8割を占め、千葉県の名産物として有名です。関東地方で生産がさかんなほうれんそう、主に県の北部でつくられているさといもの収穫量も千葉県が全国1位です。

独特のぬめりがあります。

さといも

　さといもは主に春に植えつけを行い、秋から冬にかけて収穫されます。千葉県は収穫量全国1位で、オリジナル品種の「ちば丸」を育成するなど、栽培に力を入れています。

エジプトでは4千年前から栽培されていました。

すいか

　県の北部を中心にすいかの栽培がさかんで、熊本県に続いて全国第2位の収穫量となっています。特に富里市で栽培される「富里スイカ」は、甘みの強いブランド品種として知られています。

関東地方

富里市
県庁所在地 千葉市
八街市

らっかせい

マメ科ラッカセイ属の一年草。漢字では「落花生」。「ピーナッツ」ともよばれます。地上をはうようにのびる茎にさく花がしぼむと、花の下の「子房」という部分が下に押し出され、土の中で果実ができます。食べるのはかたい果皮につつまれた種子の「子葉」という部分です。明治時代から栽培が始まり、国産のらっかせいの約8割が千葉県産です。

知ってる？

らっかせい生産日本一

県の北部にある八街市と西部にある千葉市を中心に栽培されています。火山灰からなる土壌に適していること、干ばつに強いことなどの理由から、明治時代から長い時間をかけて品種改良が行われてきました。その結果生まれた「千葉半立」という品種が一番多くつくられています。現在、日本で消費されているらっかせいの多くは海外からの輸入品になっていますが、千葉県産のらっかせいは甘みとコクが強い高級品として広く知られています。

写真提供：千葉県

関東地方
東京都

```
人口…………1,362万人
面積…………2,191平方キロメートル
都庁所在地…東京
主な作物……こまつな・ルッコラ・なばな・
　　　　　　うど・モロヘイヤ
```

日本の首都であり、政治や経済の中心となっている東京都ですが、全国4位の収穫量をほこるこまつななど、都内各所で野菜の生産も行われています。ほかにも収穫量全国1位のルッコラ、全国3位のモロヘイヤなど、さまざまな野菜がつくられています。立川市を中心に、地下にほった穴の中で栽培される「東京うど」など、江戸時代から続く伝統野菜の生産にも力を入れています。

> ハーブティーの原料にもなります。

ルッコラ

アブラナ科キバナスズシロ属の一年草。英語では「ロケット」といいますが、イタリア語の「ルッコラ（ルーコラ）」というよび名が一般的です。イタリア料理のサラダなどに使われます。

> 日本原産で、野生のうどは全国に自生しています。

うど

ウコギ科タラノキ属の多年草。最大で1メートル以上に育ちますが、食用としては若いうちしか食べられず、「うどの大木」ということわざの元になっています。

写真提供：立川市

知ってる？
島嶼部の野菜

東京都は、右の地図の「東京都区部Ⓐ」と「多摩地区Ⓑ」に加え、伊豆諸島と小笠原諸島からなる「島嶼部Ⓒ」という地域があり、豊かな自然の中でさまざまな野菜がつくられています。伊豆大島などで栽培されている「明日葉」や、八丈島伝来のオクラである「八丈オクラ」などが有名です。

写真提供：とうきょう特産食材使用店ガイド2017

関東地方

立川市

江戸川区小松川

都庁所在地
東京

こまつな

アブラナ科アブラナ属の一年草。原種は鎌倉時代に伝来し、江戸時代にこまつなが生まれました。名前は、今でも生産がさかんな江戸川区の小松川からきており、江戸幕府第八代将軍の徳川吉宗が、おいしさに感動して命名した説があります。一年中つくることができ、寒さにも強いため、東京から全国に広まり、現在は関西地方でも生産されています。

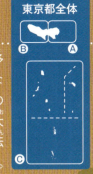

知ってる？
江戸東京野菜

「江戸東京野菜」は、江戸時代から栽培されている伝統野菜の在来種や、昔からの栽培方法などに由来する野菜です。「練馬ダイコン」「城南小松菜」「東京ウド」「谷中ショウガ」など、48品目の野菜が登録されています（2017年11月現在）。また、麦や稲など、野菜以外の作物6種類も「参考登録」として登録されています。

写真提供：JA東京中央会 都市農業改革室

関東地方
神奈川県

```
人口…………914万人
面積…………2,416平方キロメートル
県庁所在地…横浜市
主な作物……かぼちゃ・キャベツ・だいこん・
　　　　　　ほうれんそう・こまつな
```

　東部は東京湾に、南部は相模湾に面しており、二つの湾の間につきだした三浦半島の南にある三崎港では遠洋漁業がさかんです。東京都の次に人口の多い神奈川県の農地は広くはありませんが、南東部を中心にだいこん・キャベツ・とうがんなどの生産がさかんです。特に三浦市は、「三浦大根」や、栄養が豊富でホクホク感と甘みを特徴とするブランドかぼちゃの生産などで有名です。

原産地はメキシコや中米だといわれています。

かぼちゃ

　ウリ科カボチャ属のつる性一年草。16世紀、ポルトガル船によってカンボジアから日本にもたらされ、カンボジアがなまって「かぼちゃ」とよばれるようになりました。つるが6～7メートルものび、葉のわきに花と果実がなります。あつみのある中果皮が食用部分です。

在来種ではなくセイヨウアブラナの一種です。

のらぼうな

　アブラナ科アブラナ属の一年草。近年注目されている伝統野菜です。寒さに強く、栽培が始まったとされる江戸時代に飢饉がおきたとき、貴重な食糧になったそうです。

知ってる？
かながわブランド

神奈川県の農林水産物の中で、出荷基準や品質などの一定の条件をみたしたものが「かながわブランド」として登録されており、20品目28登録品の野菜が登録されています（2017年11月現在）。「小田原たまねぎ」「横浜キャベツ」「川崎のほうれん草」など、地域ごとに個性ある野菜が栽培されています。

写真提供：かながわブランド振興協議会

関東地方

川崎市

県庁所在地
横浜市

小田原市

パクチョイ

アブラナ科アブラナ属の一年草。ちんげんさいのような葉の色や形をしていますが、茎の部分のはばがせまく、色が白いのが特徴です。神奈川県の収穫量は全国でもトップクラスです。

三浦市

知ってる？
三浦大根

三浦半島では江戸時代からだいこんの栽培がさかんです。一般的なだいこんに比べてサイズが大きく、付け根まで真っ白なのが特徴です。「かながわブランド」にも「三浦のだいこん」として登録されています。

写真提供：かながわブランド振興協議会

野菜の分類

　じゃがいもは「ナス科ナス属」の野菜です。この"科"や"属"といった言葉は、野菜などの植物を含めた、地球上のさまざまな生物を分類するためのまとまりを示しています。このまとまりには門・綱・目・科・属・種などがあり、「分類階級（階級）」とよばれます。

　この分類階級を使うことによって、多種多様な生物をグループ分けすることができます。たとえば私たち人間は、「動物界脊椎動物門哺乳綱霊長目ヒト科ヒト属ヒト種」と分類されます。じゃがいもの場合、正確には「植物界被子植物門双子葉植物綱ナス目ナス科ナス属ジャガイモ種」と分類されます。

　グループ分けは、生物の進化の道筋によって決定されており、近年ではDNAの研究なども取り入れられています。たとえばトマトは、かつて「トマト属」に分類されていました。しかし、現在はじゃがいもと同じ「ナス属」となっています。研究が進んだ結果、違った分類階級に変更されることもあるのです。

　上記のような、分類階級によるグループ分けの方法を「自然分類（系統分類）」とよびますが、もう一方で、人間とのつながりや、外見的な特徴などによる分け方もあります。このような分け方は「人為分類」とよばれ、野菜や果物を分ける農林水産省の定義や、「根菜類」「葉茎菜類」「果菜類」といった、食用とする部分で野菜を分ける方法などが当てはまります。

分類階級を調べると、じゃがいもがなすの仲間であることがわかります。

全9県

中部地方

日本の真ん中に位置する中部地方は9つの県で構成されています。場所ごとに気候などが大きく異なるため、日本海に面する県を「北陸地方」、太平洋に面する県を「東海地方」などとよんで区別することもあります。東海地方という区分には、この本では近畿地方に含まれる三重県を含むことが一般的です。

中部地方

新潟県

人口‥‥‥‥228万人
面積‥‥‥‥12,584平方キロメートル
県庁所在地‥‥新潟市
主な作物‥‥‥すいか・さといも・えだまめ・
　　　　　　うるい・なばな

　日本海に面して北東から南西にのびる新潟県は、全国でも特に降雪量が多い地域です。日本一の長さをほこる信濃川、阿賀野川の下流に広がる越後平野では米の生産がさかんです。野菜は、全国5位の収穫量をほこるえだまめ、海岸に沿った砂丘地帯などで栽培されるすいか、五泉市を中心につくられているさといもなど、さまざまな種類がつくられています。

> 一世帯あたりのすいか購入数量は新潟県が全国一！

すいか

　新潟県では山沿いの魚沼地区で栽培される「八色スイカ」と、海沿いの西蒲地区で栽培される「砂丘スイカ」が有名です。県全体の収穫量は全国で第6位となっています。

> 県内だけで40もの品種がつくられています。

えだまめ

　ブランド品種として「くろさき茶豆」が知られています。さやについた毛や豆が茶色く、香りの強さが特徴です。新潟県は一世帯あたりのさやまめ（えだまめ、さやいんげん、そらまめなどの合計）への支出金額日本一です。

知ってる？
のっぺ

新潟の代表的な家庭料理である「のっぺ」は、お正月、お盆やお祭りなどの特別な時期はもちろん、一年を通じて食べられています。入れる具材や味付けは各家庭でちがい、とろみのある汁物であること以外に決まった基準はありませんが、さといもはとろみを出すためにかかせない食材です。

写真提供：公益社団法人 新潟県観光協会

中部地方

県庁所在地
新潟市

新潟市西蒲区

五泉市

長岡市

魚沼市

さといも

さといもは新潟県の郷土料理である「のっぺ」にかかせない食材です。のっぺはさといも・にんじん・しいたけ・ごぼうなどが入った家庭的な煮物で、さといもから出るとろみが特徴です。新潟県産のさといもは特にとろみが強いといわれます。県内では五泉市が主な産地で、「帛乙女」というブランド品種が栽培されています。

知ってる？
長岡野菜

新潟県中部の長岡地域では、夏の高温多湿、冬の降雪量の多さなどの気候条件に合わせて、この地域独特の野菜が昔からつくられてきました。巾着袋のように縦にしわが入った「長岡巾着なす」や、小型で丸い「梨なす」などの夏野菜、「だるまれんこん」や「長岡菜」などの秋冬野菜など、16品目が「長岡野菜」として認定されています。

写真提供：公益社団法人 新潟県観光協会

中部地方

富山県

- 人口………106万人
- 面積………4,248平方キロメートル
- 県庁所在地…富山市
- 主な作物……ねぎ・なばな・かぶ・たまねぎ・さといも

県の東部には飛騨山脈があり、南部・西部も山が多い地域です。中央に広がる富山平野の多くは水田になっており、米づくりがさかんです。畑は少なく、野菜の収穫量は多くはありませんが、ねぎ・なばな・ほうれんそうなどがつくられています。冬の寒さによって生まれる強い甘みが特徴の「カン（寒）カン（甘）野菜」には、キャベツ・にんじんなど16品目が指定されています。

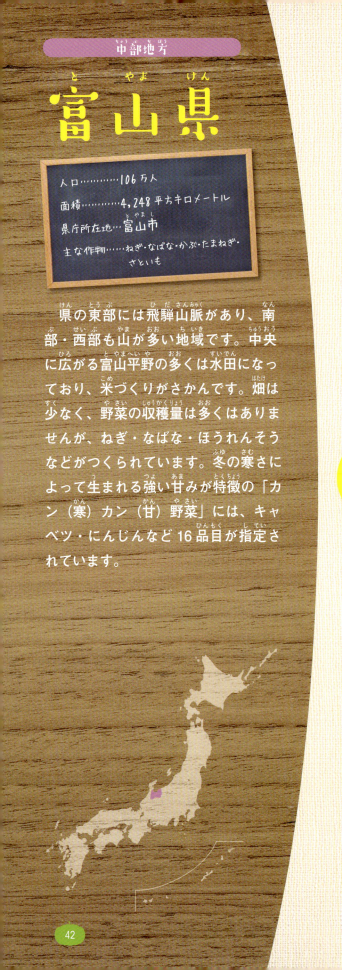

ブランド品種「富山しろねぎ」は甘みが強くやわらかいのが特徴です。

ねぎ

富山県でつくられる野菜の中で最も販売金額が大きいねぎは、富山市や射水市を中心に、県内のほぼ全域で栽培されています。通常の根深ねぎよりもサイズが小さく、一度に使い切りやすい「ねぎたん♪♪」という改良品種も栽培されています。

ビタミンCが豊富な野菜です。

なばな

アブラナ科アブラナ属の二年草である、セイヨウアブラナのやわらかい茎と葉、つぼみを「なばな」とよびます。富山県では、冬の寒さをいかした「カンカン野菜」を指定して、冬季限定販売を行っていますが、なばなもその中にふくまれています。温度の低い環境でじっくり育成させることにより、強い甘みを引き出しています。

写真提供：富山県農林水産部

中部地方

射水市(いみずし)

県庁所在地
富山市(とやまし)

知ってる？

カンカン野菜

　降雪量の多い富山県では、昔から秋に収穫した野菜を冬の間に土の中に埋め、雪の下で保存していました。雪の下の野菜は、寒さで凍ってしまうのを防ぐために、凍結を防止する成分である糖分を蓄積するので、春に土の中から掘り起こすと、収穫時よりも甘みが強くなっているのです。富山県では、2011年から、このように冬の寒さによって甘みが増す野菜を「カンカン野菜」と名づけ、PRしています。

写真提供：富山県農林水産部

中部地方

石川県

```
人口‥‥‥‥115万人
面積‥‥‥‥4,186平方キロメートル
県庁所在地‥‥金沢市
主な作物‥‥‥メロン・すいか・せり・くわい・
　　　　　　かぼちゃ
```

石川県の北部は日本海に突き出した能登半島で、漁業がさかんです。南部の海沿いに広がる金沢平野では、米づくりとともに野菜の生産も行われています。他県で生産されているものに比べて茎の細いせりや、さつまいも・きゅうり・ねぎなどの15品目が「加賀野菜」とよばれるブランド野菜に認定されています。金沢市の砂丘部を中心に、メロンやすいかの生産もさかんです。

JA金沢市は毎年「すいか祭り」を開催しています。

すいか

石川県内では、金沢市の砂丘地帯で栽培される「金沢すいか」、河北潟の干拓地で栽培される「河北潟すいか」など、地域の特性をいかしたブランド品種が栽培されています。

「春の七草」の一つです。

せり

金沢市の諸江地区を中心に、浅野川の伏流水をいかしてつくられています。ほかの地域で栽培されているせりと比べて茎が細長く、葉も細くなっています。香りの強さが特徴です。

中部地方

河北潟(かほくがた)

県庁所在地
金沢市(かなざわし)

メロン

ウリ科キュウリ属のつる性一年草。農林水産省の定義では野菜に分類されます。表面の網目は育つ最中に皮がさけたものです。石川県では、表面の白さと甘みが特徴の品種「アールスメロン」の栽培がさかんです。連作に適さないため、ほとんどの農家では、春から栽培する「春メロン」と夏から栽培する「秋メロン」のどちらか一方をつくっています。

知ってる？

加賀野菜(かがやさい)

江戸時代から城下町として栄えていた金沢では、季節に合わせて地域独自の野菜が栽培されていました。その中でも、現代まで受け継がれている15品目の野菜が「加賀野菜」に認定されています（2017年11月現在）。長さが20センチメートル以上、重さが1キログラム以上にもなる「加賀太きゅうり」や、独特のぬめりのある「金時草」、酢の物にして食べられることが多い「赤ずいき」など、郷土料理に欠かせない野菜ばかりです。

写真提供：金沢市農産物ブランド協会

中部地方

福井県

人口............78万人
面積............4,190平方キロメートル
県庁所在地...福井市
主な作物......メロン・すいか・らっきょう・
　　　　　　　じゃがいも・さといも

　県の東部には両白山地の山がつらなり、北西部は沿岸まで山がせまっています。山地にかこまれるようにして広がる福井平野には水田が多く、農業の中心は米の生産です。寒暖の差が大きい気候をいかしたそばの栽培がさかんで、「越前そば」として名物になっています。また、あわら市がメロンの産地として知られるほか、坂井市の海沿いの三里浜砂丘では「花らっきょ」がつくられています。

「花咲紅姫」はその名の通り赤肉系のメロンです。

メロン

　福井平野、加越台地に広がるあわら市を中心にメロンの栽培がさかんに行われています。「マルセイユ」「アンデス」「アールス」をはじめ多くの品種がつくられます。特に、独特の縞模様がついたマルセイユメロンには「花咲紅姫」というブランド品種があります。福井市では、毎年「ふくいメロンまつり」という催しが行われています。

大阪府や京都府など、関西方面へも出荷されています。

すいか

　あわら市と坂井市にまたがって広がる坂井北部丘陵地の土壌は水はけがよく、すいかづくりに適しています。6月からハウス栽培のすいか、7月からは露地栽培のすいかの収穫が行われます。また、越前市の白山地区で栽培される「しらやま西瓜」はブランド品種として広く知られています。

中部地方

あわら市
坂井市(さかいし)
県庁所在地
福井市(ふくいし)
越前市(えちぜんし)

知ってる?

花(はな)らっきょ

　福井県(ふくいけん)坂井市(さかいし)の日本海沿岸(にほんかいえんがん)に広(ひろ)がる三里浜(さんりはま)では粘土質(ねんどしつ)の土壌(どじょう)をいかして「花(はな)らっきょ」が栽培(さいばい)されています。通常(つうじょう)のらっきょうは、8月(がつ)から9月(がつ)にかけて植(う)えつけ、次(つぎ)の年(とし)の5月(がつ)から6月(がつ)に収穫(しゅうかく)されますが、花(はな)らっきょは植(う)えつけから収穫(しゅうかく)まで3年(ねん)もの月日(つきひ)がかかるため「三年子(さんねんご)」ともよばれています。粒(つぶ)が小(ちい)さく、シャキシャキした歯(は)ごたえが特徴(とくちょう)で、全国(ぜんこく)でもここでしか栽培(さいばい)されていません。

写真提供：公益社団法人福井県観光連盟

中部地方

山梨県

- 人口…………83万人
- 面積…………4,465平方キロメートル
- 県庁所在地…甲府市
- 主な作物……なす・スイートコーン・トマト・きゅうり・キャベツ

　中部地方の南東に位置する山梨県は、富士山や赤石山脈などの山に周囲をかこまれた内陸県です。夏はあつく、冬はすずしい気候をいかした果物の栽培がさかんですが、皮のやわらかさが特徴のなす、ハウス栽培によってつくられるスイートコーン、トマト・きゅうり・キャベツなどさまざまな野菜が生産されており、サラダなどにつかわれるクレソンの収穫量は全国1位です。

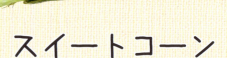

市川三郷町では「甘々娘」という特に糖度の高い品種の栽培がさかんです。

スイートコーン

　甲府市中道地区を中心にさかんに栽培されています。この地域は周りを高い山にかこまれた盆地で、昼と夜の寒暖差が大きいため、甘みの強いスイートコーンがつくられます。

県南東部の道志村を中心につくられています。

クレソン

　アブラナ科オランダガラシ属の多年草。ピリッとした辛みと独特の香りが特徴です。肉料理のつけあわせとしても使われます。

知ってる？ 大塚にんじん

市川三郷町大塚地区の特産品です。「のっぷい」とよばれる、火山灰質のきめ細かい土壌で育てられ、収穫時には1メートル前後の長さになります。鮮やかなオレンジ色をしており、独特の風味、甘さが特徴です。

写真提供：やまなし観光推進機構

中部地方

なす

ナス科ナス属の一年草（熱帯地方では多年草）。60センチほどの高さにのびる枝についた葉のない茎の部分に実る果実が食用部分です。日本では古くから食べられており、東大寺に残る奈良時代の『正倉院文書』にもその名があるほどです。甲府盆地を中心に、昼と夜の温度差をいかして作られる山梨県のなすは、皮がやわらかく、ひきしまった果実が特徴となっています。

知ってる？ やはたいも

やはたいもは、山梨県の北西部にある甲斐市八幡地区で栽培されているさといもで、繊維がきめ細かく、ねばりのある食感が特徴です。八幡地区は、近くを流れる釜無川のはんらんによって昔から洪水の多い地域でしたが、武田信玄の時代に治水工事が行われてからは、さといもの栽培に適した砂質の土壌になりました。

写真提供：サボイの農園

中部地方

長野県

人口………208万人
面積………13,562平方キロメートル
県庁所在地…長野市
主な作物……レタス・セルリー・パセリ・ズッキーニ・トマト

飛騨山脈、木曽山脈、赤石山脈の3つの大きな山脈が南北にのびる長野県は、約8割が山岳地帯になっています。山のふもとの高原地域では、すずしい気候をいかした高原野菜の栽培がさかんに行われており、特にレタス・セルリーの収穫量は全国1位です。また、収穫量全国2位のパセリをはじめ、ズッキーニ・トマトなど、おもに夏に収穫される野菜が多くつくられています。

安曇野市には敷地内の観光もできる「大王わさび農場」があります。

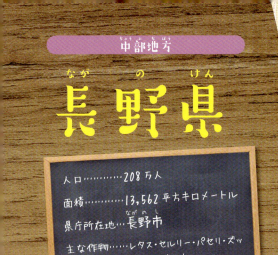

わさび

アブラナ科ワサビ属の多年草。からみの強い根茎をすりおろして食用にするほか、茎・葉・花も食べることができます。長野県は全国第1位の収穫量をほこっています。

世界中で使われている料理用ハーブです。

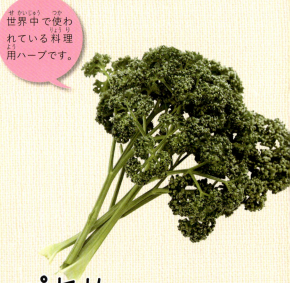

パセリ

セリ科オランダゼリ属の二年草または多年草。茎から細長くのびた葉の部分が食用とされます。ちぢれた葉には独特の香りがあるため、つけ合わせとして料理にそえられることが多いです。

知ってる？
きのこ王国

長野県はきのこ類全体の生産量日本一をほこっています。しめじやえのき、まいたけやエリンギなど様々な種類がさかんに栽培されています。県の南部にある伊那市にはきのこ狩りができる「きのこ王国」という施設もあります。

写真提供：JA全農長野

中部地方

レタス

キク科アキノノゲシ属の一年草または二年草。地上にのびた茎に、内側にまきつくように育つ葉が食用になります。暑さに弱いため、高原地帯などですずしい気候をいかして栽培されることが多く、長野県では川上村や塩尻市、南牧村など、標高の高い地域を中心に栽培がさかんです。特に、夏はすずしい地域でしか栽培できないため、長野県産レタスが全国に出荷されています。

知ってる？
野沢菜

長野県の北東部にある野沢温泉村の健命寺というお寺の住職が、1756年に大阪の伝統野菜「天王寺蕪」の種を持ち帰ったところ、気候の違いによってかぶ自体はあまり育たず、葉と茎だけが大きく成長したのが野沢菜の起源だといわれています。アブラナ科アブラナ属の二年草で、おもに漬け物にして食べられます。

写真提供：長野県農政部

中部地方

岐阜県

人口………202万人
面積………10,621平方キロメートル
県庁所在地…岐阜市
主な作物……にんじん・だいこん・モロヘイヤ・ほうれんそう・トマト

　岐阜県の北部から中部にかけて山がつらなり、南部に濃尾平野が広がっています。土地ごとの標高や気候の違いをいかし、一年を通して様々な野菜がつくられています。岐阜市を中心につくられるだいこんは長良川の流れに運ばれた砂状の土によってまっすぐに長くのびているのが特徴です。各務原市のにんじんは、春夏と冬の二期作でつくられています。

郡上市では「ひるがの高原だいこん」というブランド品種がつくられています。

だいこん

アブラナ科ダイコン属の一年草。おもに地中に太く長くのびる根と、肥大した下胚軸（子葉より下の茎の部分）が食用部分となりますが、茎につく葉も食べられます。春の七草の「すずしろ」はだいこんのことです。

写真提供：JAめぐみの

「王様の野菜」とよばれるほど栄養豊富な野菜です。

モロヘイヤ

アオイ科ツナソ属の一年草。葉をきざむと出る独特のぬめりが特徴で、栄養価の高い野菜です。岐阜県内では海津市を中心に栽培されています。

にんじん

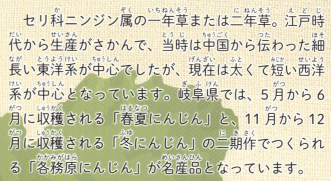

セリ科ニンジン属の一年草または二年草。江戸時代から生産がさかんで、当時は中国から伝わった細長い東洋系が中心でしたが、現在は太くて短い西洋系が中心となっています。岐阜県では、5月から6月に収穫される「春夏にんじん」と、11月から12月に収穫される「冬にんじん」の二期作でつくられる「各務原にんじん」が名産品となっています。

中部地方

郡上市

本巣市

中津川市

各務原市

県庁所在地
岐阜市

海津市

知ってる?

飛騨・美濃伝統野菜

岐阜県内で古くから栽培されている、特色ある野菜と果樹のうち27品目が「飛騨・美濃伝統野菜」として認定されています(2017年11月現在)。そのうち野菜は22品目で、中津川市を中心に栽培されている「菊ごぼう」や岐阜市の南部で栽培されている「千石豆」などがあります。本巣市を中心に栽培されている「まくわうり」は昔の地名である「真桑村」からその名がつきました。メロンの仲間で、甘みがあります。

写真提供:岐阜県

中部地方
静岡県

- 人口　　　　368万人
- 面積　　　　7,777平方キロメートル
- 県庁所在地　静岡市
- 主な作物　　さつまいも・セルリー・レタス・たまねぎ・芽キャベツ

　静岡県の北部は山岳地帯で、山梨県との間には富士山がそびえています。南部は太平洋に面しており、あたたかい気候をいかした果物やお茶の生産がさかんです。県の西部を中心につくられている芽キャベツ、静岡市の南部を中心につくられている葉しょうがは、ともに全国1位の収穫量をほこります。富士山の裾野にある三島市では、甘みのつよいさつまいもがつくられています。

ビタミンCを多くふくむ野菜です。

芽キャベツ

　アブラナ科アブラナ属の一年草または二年草。通常のキャベツとはちがい、葉のつけねにできる小さなわき芽を食用にします。独特のほろ苦さと食感が特徴です。

一般的なしょうがよりもやわらかく、生でも食べられます。

葉しょうが

　ショウガ科ショウガ属の多年草。通常のしょうがは地下にできる茎が大きく成長したものを食用としますが、茎がまだ小さくやわらかいうちに葉をつけたまま収穫したものが葉しょうがです。

知ってる？
わさび栽培発祥の地

今から400年ほど前、現在の静岡市葵区有東木の村人が、自生していたわさびを湧き水で育てたのがはじまりだと言われています。2017年には「静岡水わさびの伝統栽培」として「日本農業遺産」に認定されました。

写真提供：静岡県観光協会

中部地方

静岡市葵区有東木

三島市

県庁所在地
静岡市

磐田市

さつまいも

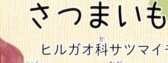

ヒルガオ科サツマイモ属のつる性多年草。地上にはつるが長くのび、地下では根の一部が大きくふくらみます。ふくらんだ根には甘みがあり、その部分が食用とされています。甘いいもを意味する「かんしょ」というよび名もあり、農林水産省では「かんしょ」という品目名であつかわれています。

知ってる？
しずおか食セレクション

静岡県の農林水産物の中でも、特に独自の魅力を持った食材が「しずおか食セレクション」に認定されています。県の西部にある磐田市を中心に栽培されている「磐生香菜」は香りが良く、魚料理、肉料理にそえられます。このほか、「折戸なす」や「紅心大根」など30品目の野菜が認定されています（2017年11月現在）。

写真提供：静岡県経済産業部

中部地方

愛知県

```
人口…………750万人
面積…………5,172平方キロメートル
県庁所在地…名古屋市
主な作物……キャベツ・トマト・ラディッシュ・
　　　　　　ブロッコリー・たまねぎ
```

中京工業地帯の中心地で、工業のさかんな県として知られている愛知県ですが、西部から南東部にかけて広がる平野部では農業もさかんに行われています。様々な種類がつくられていますが、中でも豊橋市・田原市などで栽培されているキャベツは全国2位の収穫量をほこります。豊橋市を中心につくられているラディッシュ、東海市・知多市などでつくられているふきの収穫量も全国1位です。

愛知県産トマトは標高差をいかし、年間通して出荷されています。

トマト

豊橋市や田原市ではトマトの栽培もさかんです。実が大きく、先端の部分がとがった形をしているのが特徴の「ファーストトマト」は愛知県の特産品として知られています。

ヨーロッパ原産の野菜です。

ラディッシュ

アブラナ科ダイコン属の一年草。「二十日大根」ともよばれるとおり、1か月ほどで収穫できます。赤い色の品種が一般的ですが、黄色や紫のものもあります。

知ってる？
キャベツ作付面積日本一

愛知県は群馬県とならぶ、キャベツの名産地として知られています。2005年から2015年までは、11年連続で全国1位の出荷量をほこっていました。天候不順の影響もあり、2016年の出荷量は群馬県が上回っていますが、作付面積では愛知県が全国1位です。

写真提供：田原市農政課

中部地方

県庁所在地
名古屋市

扶桑町
東海市
知多市
豊橋市
田原市

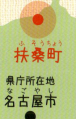

キャベツ

キャベツは収穫される時期によって、「春キャベツ」と「夏秋キャベツ」と「冬キャベツ」の3つに分けられます。収穫量全国2位の愛知県では、11月から3月に東三河地域を中心に収穫される冬キャベツの栽培がさかんです。その理由は、冬でも比較的あたたかく、栽培に適しているからです。冬キャベツは葉がしっかりつまっていて、甘みが強いのが特徴です。

知ってる？
守口大根

愛知県の北部にある丹羽郡扶桑町では「守口大根」の栽培がさかんです。主に「守口漬」の材料として使われています。長いものでは2メートル近くにもなる細長いだいこんで、地中に長くのびるため、砂質で柔らかい土壌が栽培に適しています。かつて大阪府の守口市で栽培されていたことからその名がついたといわれています。

写真提供：愛知北農業協同組合

「一年草」と「多年草」

　この本では、初めて紹介する野菜——たとえばじゃがいもなら「ナス科ナス属の多年草」と説明をしていますが、植物には「一年草」や「多年草」といった分類があります。これは、その植物が花を咲かせて枯れるまでの期間を示したものです。たとえば、だいこんは一年草、ごぼうは多年草です。また、自分の力で体を支えず、ほかの樹木にからまって育つ植物を「つる性植物」とよび、つる性植物も、生育期間に応じて「つる性一年草」「つる性多年草」などとよばれます。

　「一年草」は、1年以内に種子から発芽し、生長して花を咲かせ、果実や種子を作って枯れる植物のことです。「一年生植物」とよばれることもあります。対して、2年以上にわたって生き続ける植物が「多年草」です。「多年生植物」ともよばれます。

　ほかにも、アスパラガスなどのように、地上に出ている部分が枯れても、地下に残った根などの器官が冬を越え、春に再び芽を出す多年草を「宿根草」と分類したり、1年以上生きるが、2年以内に枯れてしまう植物を「二年草」や「越年草」と分類することもあります。

　このような分類は、植物を知る上で参考になりますが、生育地の気候条件によって分類が変わることもあります。たとえば、トマトは日本では冬に枯れる一年草ですが、熱帯の国々では多年草に分類されます。日本では秋から冬の間に気温が低くなるため、その寒さに耐えられず、1年より長く生きられる植物が枯れてしまうことがあるのです。このように、同じ野菜でも生育地によっては一年草であったり、多年草であったりすることもあるため、おぼえるときは、あくまでも目安の一つと考えてください。

全7府県

近畿地方
きんきちほう

　2府5県で構成される近畿地方は、日本第二の都市圏で西日本の経済の中心です。江戸幕府の成立以前は日本の中心であったことから、貴重な建造物や文化財が多く残されています。野菜についても、昔から食べられていた品種や、その生産方法が現在も守られている伝統野菜がたくさんあります。

近畿地方

三重県

```
人口…………180万人
面積…………5,774平方キロメートル
県庁所在地…津市
主な作物……さといも・さつまいも・なばな・
　　　　　　モロヘイヤ・トマト
```

紀伊半島の東部に細長い形でのびている三重県は、カツオや伊勢えびなどの水産物が有名です。伊勢湾に面する伊勢平野と、県の西部にある上野盆地では農業がさかんで、なばなの収穫量は全国1位です。ほかにも、モロヘイヤ・トマトなどが栽培されています。煮て乾燥させ、おやつとして食べられるきんこ（さつまいも）や、さといもの茎であるずいきなど、伝統野菜も数多くつくられています。

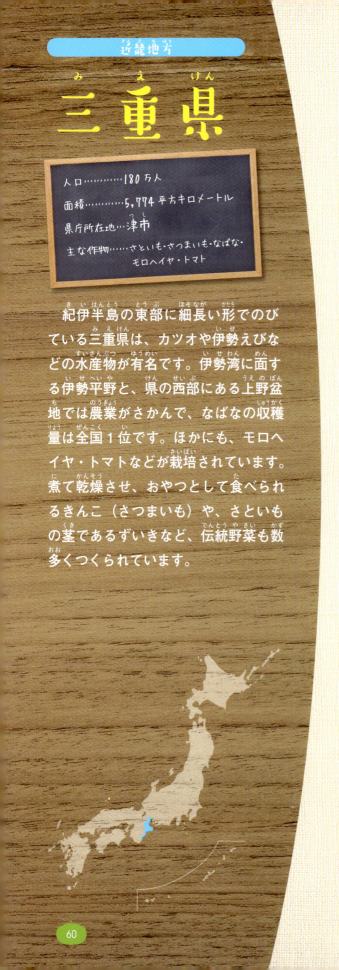

「三重なばな」は「みえの伝統野菜」に認定されています。

なばな

三重県では江戸時代からなばなの栽培がさかんでした。もともとは、菜種油をつくるために栽培されていましたが、農家では茎や葉を食用とし、徐々にそのおいしさが広まっていきました。

写真提供：三重県農林水産部

隼人芋はきれいなオレンジ色であることから「にんじん芋」というよび名もあります。

さつまいも

志摩市の郷土料理である「きんこ」は、さつまいもの品種の一つである「隼人芋」を煮て干したものです。「きんこ」とよばれる干したナマコに似ていることからその名がつきました。

写真提供：三重県農林水産部

近畿地方

さといも

　三重県中部の津市では、「芸濃ずいき」という名産品が有名です。「ずいき」とは、「八頭」という品種のさといもの茎を大きく育てたものです。おもに京料理で使われる食材として知られ、収穫されたもののほとんどが京都に出荷されます。芸濃ずいきは濃いあずき色をしているのが特徴で、夏の間の短期間のみ収穫されます。

県庁所在地
津市

松阪市

志摩市

知ってる？

みえの伝統野菜

　三重県で栽培されている野菜の中で、特に伝統文化的に価値がある野菜と野菜加工品の計6品目が「みえの伝統野菜」に認定されています（2017年11月現在）。その一つ、「松阪赤菜」はかぶの一種である「日野菜」の原種ともいわれる野菜で、450年ほど前から今の松阪市周辺で栽培されてきたものです。40年ほど前に生産が途絶えてしまいましたが、保存されていた種をもとに栽培が再開されました。根の部分全体と葉の軸が鮮やかな紅色をしており、主に漬け物にして食べられています。

写真提供：三重県フードイノベーション課

近畿地方

滋賀県

人口………141万人
面積………4,017平方キロメートル
県庁所在地…大津市
主な作物……かぶ・かんぴょう・キャベツ・たまねぎ・なす

　日本最大の湖である琵琶湖が中央にあり、その広さは県の面積の約6分の1におよびます。農業は米づくりが中心で、平野部の多くは水田になっていますが、南部を中心に県内各地でつくられるかぶ、甲賀市で江戸時代から栽培されているかんぴょう、湖南市の特産品になっているなすなど、野菜の生産もさかんに行われています。同じ野菜でも、地域によって形や色がちがう品種が数多くつくられています。

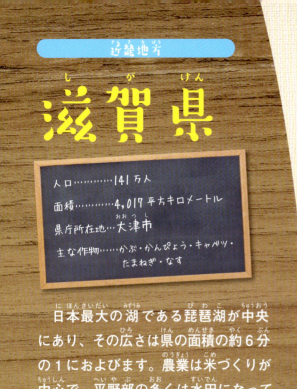

水口のかんぴょうは歌川広重の『東海道五十三次』にも描かれています。

かんぴょう

　かんぴょうの発祥地とも言われる（諸説あり）甲賀市水口町のかんぴょうは、「水口かんぴょう」というブランド品種になっています。手で皮をむいて天日に干すという昔ながらの製法が守られており、やわらかく煮えやすいのが特徴です。

滋賀県の収穫量は全国4位です。

かぶ

　アブラナ科アブラナ属の一年草または二年草。土の上で丸く大きくなる下胚軸、その下の根、茎からのびた葉柄、葉を食べることができます。「大かぶ」「小かぶ」といったいろいろな大きさの品種や、室町時代から食べられていたと言われる「日野菜」という伝統的な品種まで、さまざまな品種がつくられています。

近畿地方

県庁所在地
大津市

湖南市
甲賀市

甲賀市土山町鮎河地区

知ってる？
近江の伝統野菜

　滋賀県原産で明治以前から栽培されている野菜のうち14品目が、「近江の伝統野菜」に認定されています（2017年11月現在）。甲賀市土山町鮎河地区だけでつくられている「鮎河菜」は、菜の花よりやや大型の野菜で、平安時代から栽培されていると言われています。茎・葉・蕾の部分を塩漬けや炒め物にして食用とします。そのほか、大きくて丸い形が特徴の「杉谷なすび」や、強い辛みがあり、そばの薬味などに使われる「伊吹大根」などが選定されています。

写真提供：滋賀県

近畿地方

京都府

人口…………260万人
面積…………4,612平方キロメートル
府庁所在地…京都市
主な作物……なす・ねぎ・たけのこ・かぶ・
　　　　　　ほうれんそう

　南北に長い京都府は、京都市を中心に観光業や商工業がさかんな南部、南丹市など農業や林業がさかんな中部、舞鶴市など漁業がさかんな北部の3つに分けられます。府内各地でつくられる伝統野菜は「京野菜」というブランド野菜としても知られ、「賀茂なす」「九条ねぎ」「万願寺とうがらし」「聖護院だいこん」などが特に有名です。京都市の西部を中心に、たけのこの栽培もさかんに行われています。

「京の伝統野菜」の一つ「京たけのこ」は、とれたてのものなら刺身で食べられるほどのやわらかさが特徴です。

たけのこ

　イネ科の多年草であるササやタケの新芽がたけのこです。大きく成長する前に収穫し、茎の部分を食用とします。収穫せずにそのままにしておくとすごい速さでササやタケに成長します。

大きな賀茂なすは直径15センチほどにもなります。

なす

　京都府が定める「京の伝統野菜」には、「もぎなす」「山科なす」「賀茂なす」の3品種が選ばれています。「もぎなす」（写真）は葉が小さく、果実も小ぶりなのが特徴です。品種改良によって「もぎなす」を大きくしたものが「山科なす」だと言われています。「賀茂なす」はさらに大きいサイズです。

写真提供：京都市産業観光局農林振興室農業振興整備課

近畿地方

ねぎ

「京の伝統野菜」に選ばれているブランド品種「九条ねぎ」は、現在の京都市南区九条町付近で平安時代から栽培されていたという記録が残っています。現在は、京都府内のさまざまな地域でつくられています。緑色の葉の部分が多い「青ねぎ」とよばれる品種で、甘みを持った独特のぬめりが特徴です。

知ってる？
京の伝統野菜

かつて朝廷のあった京都では、全国各地からめずらしい野菜が集められてきました。宮廷料理や懐石料理などに使われ、昔から京都の食文化を支えてきた37品目の野菜が「京の伝統野菜」として認定されています（2017年11月現在）。平安時代から栽培されていると言われる「九条ねぎ」は甘さと香りが強く、ぬめりがあるのが特徴です。大型で丸い「賀茂なす」は、引き締まった果肉が特徴的で、味噌をつけて焼く田楽などにして食べられています。

写真提供：京都市産業観光局農林振興室農業振興整備課

近畿地方

大阪府

```
人口………883万人
面積………1,905平方キロメートル
府庁所在地…大阪市
主な作物……なす・しゅんぎく・くわい・
　　　　　　こまつな・えだまめ
```

　東京都・神奈川県の次に人口が多い大阪府は、近畿地方の中央部で西日本の政治や経済の中心地です。そのため、商工業がさかんですが、都市部の周辺では野菜づくりもさかんに行われています。しゅんぎくとふきは、それぞれ全国2位と3位の収穫量をほこり、長年つくられてきた、大阪独特の品種を指定した「なにわの伝統野菜」など名産品も多いです。

カルシウムやビタミンAが豊富な野菜です。

しゅんぎく

キク科シュンギク属の一年草。春に、菊に似た花がさくことから「春菊」の名がつきました。関西では「菊菜」とよばれ、冬の鍋物にはかかせない食材です。

主に煮て食べられます。

くわい

オモダカ科オモダカ属の水生多年草。大きなかたまりのような茎を食べます。茎から芽が出る様子から「めでたい」とされ、縁起のよい食材としておせち料理などに使われます。

近畿地方

なす

泉佐野市を中心につくられる「泉州水なす」は、皮がやわらかく水分を多くふくみ、アクが少ないため生で食べられます。また、富田林市を中心につくられる「大阪なす」は、中長のなすで、色つやのよさと実のやわらかさが特徴です。どちらも、まとまった生産量があり、独自の栽培技術で生産される野菜と果物を選定した「なにわ特産品」にふくまれています。

知ってる？
なにわの伝統野菜

江戸時代に「天下の台所」とよばれていた大阪では、昔から地域特有の野菜がたくさんつくられてきました。100年以上前から大阪府内で栽培されてきたことなどを条件に、18品目の野菜が「なにわの伝統野菜」に認定されています（2017年11月現在）。江戸時代から栽培され、「天満菜」ともよばれる「大阪しろな」、大阪市都島区毛馬町で栽培され、古くから奈良漬の材料としても使われてきた「毛馬胡瓜」などがあります。

写真提供：大阪府環境農林水産部農政室

近畿地方

兵庫県

```
人口………552万人
面積………8,401平方キロメートル
県庁所在地…神戸市
主な作物……たまねぎ・レタス・えだまめ・
　　　　　　キャベツ・みずな
```

県の北部は日本海に、南部は瀬戸内海に面する兵庫県は、近畿地方で最も大きな農業のさかんな県です。特に淡路島は、あたたかな気候をいかしたたまねぎ・レタス・キャベツなどの生産で知られ、たまねぎの収穫量は全国2位です。神戸市を中心につくられているみずなの収穫量も全国5位です。県の中東部にある篠山市名産のえだまめ「丹波篠山黒枝豆」は、黒い色とやわらかい食感が特徴です。

兵庫県は全国5位の収穫量をほこります。

レタス

兵庫県ではあたたかい気候をいかし、ほかの地域ではむずかしいとされる冬にも栽培が行われています。秋から翌年の初夏にわたる長期の収穫を実現しています。

大豆の成長途中の若い豆が「枝豆」です。

えだまめ

中東部の篠山市では、「丹波篠山黒枝豆」というブランド品種が栽培されています。丹波地方の名産黒大豆「丹波黒」を熟成する前の状態で収穫します。粒が大きく甘みが強いのが特徴です。

写真提供：兵庫県淡路県民局 南淡路農業改良普及センター

近畿地方

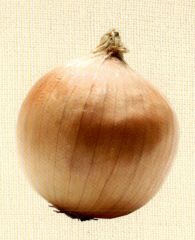

たまねぎ

葉が何枚も重なった鱗茎が土の上で大きく育ち、その部分を食用とします。淡路島では、「新たまねぎ」とよばれる春から夏にかけてとれる品種や、初夏から翌年の春にかけてとれる品種を時期をずらしながら栽培しています。そのため、一年を通じて収穫・出荷を行うことができます。

知ってる？

淡路島たまねぎ

ヨーロッパから日本にはじめてたまねぎが伝来したのは江戸時代だと言われていますが、国内でさかんに栽培されるようになったのは明治時代のことでした。当初はおもに北海道と大阪で栽培され、大阪でつくられていたたまねぎの種子が淡路島へと運ばれました。大正から昭和にかけて品種改良が繰り返され、栽培技術が工夫されて、栽培面積が大きく広がっていきました。淡路島のたまねぎは、甘さと柔らかさが特徴的なブランド野菜として全国的にも有名です。

写真提供：兵庫県淡路県民局 南淡路農業改良普及センター

近畿地方

奈良県

人口………135万人
面積………3,691平方キロメートル
県庁所在地…奈良市
主な作物……なす・ねぎ・花みょうが・ほうれんそう・さといも

紀伊半島の中央にある奈良県は、南部に紀伊山地がつらなり、まわりを山にかこまれるようにして、北西部にわずかな盆地が広がっています。ごぼう・だいこん・きゅうりなど、25品目が「大和野菜」というブランド野菜に選ばれており、地域の特性をいかした野菜づくりがさかんです。中でも、漬け物などに使われる花みょうがは五條市を中心に栽培され、全国3位の収穫量をほこります。

大和ふとねぎは非分げつ性の一本ねぎです。

ねぎ

葛城市や五條市などで栽培される「大和ふとねぎ」は、一般的な長ねぎにくらべて、白い部分が太く短いのが特徴です。熱を加えると甘みが出るため、鍋料理に適しています。

写真提供：奈良県農業水産振興課

生で食べるのにも適した「サラダナス」という品種もあります。

なす

奈良県のなすは、北部にある広陵町、田原本町などを中心に栽培されています。長卵形の「千両2号」という品種がおもに栽培されており、夏から秋に出荷されるものを中心に、ほぼ一年中出荷されています。伝統野菜の「大和丸なす」など、さまざまな品種がつくられています。

近畿地方

県庁所在地
奈良市
広陵町
田原本町
葛城市
五條市

花みょうが

ショウガ科ショウガ属の多年草。名前には「花」とつきますが、食べるのは地下からのびた根茎の先につく「花穂」とよばれるつぼみです。シャキシャキとした歯ごたえが特徴です。

知ってる？

大和の伝統野菜

奈良県では、特産品として栽培されている野菜を「大和野菜」に認定しており、その中でも特に古い歴史を持つものや、県独自の栽培方法でつくられているものなど20品目を「大和の伝統野菜」として選定しています（2017年12月現在）。かぶの一種で、根の先まで赤く、細長い形をしている「片平あかね」や、江戸時代から栽培されているといわれ、白に近い色が特徴の「黒滝白きゅうり」など、個性豊かなものばかりです。

写真提供：奈良県農業水産振興課

近畿地方

和歌山県

```
人口…………95万人
面積…………4,725平方キロメートル
県庁所在地…和歌山市
主な作物……さやえんどう・はくさい・た
　　　　　　まねぎ・トマト・キャベツ
```

紀伊半島の南西部にある和歌山県は、約8割が山地です。太平洋に面したあたたかい気候と山の斜面をいかし、うめやみかんなど、果物の栽培がさかんなことで有名です。野菜の中では、全国1位の収穫量をほこるグリーンピースのほか、さやえんどう・はくさい・たまねぎ・トマト・キャベツなどがつくられています。収穫量全国6位のしょうがは、おもに和歌山市の沿岸部でハウス栽培されています。

「実えんどう」とよばれることもあります。

グリーンピース

マメ科エンドウ属のつる性一年草。農林水産省の定義では、さやが柔らかいうちに収穫し、さやごと食べるのが「さやえんどう」であるのに対し、さやの中の豆が大きく成長した状態で収穫し、豆のみを食用とするのが「グリーンピース」で、別のものとされています。

砂地地帯で栽培されています。

しょうが

ショウガ科ショウガ属の多年草。和歌山市の海岸沿いや紀の川の中州地帯を中心にさかんに栽培が行われています。ハウス栽培と露地栽培を組み合わせて、5月から10月頃までの長期にわたって出荷されています。特に新しょうがは、色の白さと鮮度が重要なため、収穫したその日のうちに出荷することもあります。

近畿地方

県庁所在地
和歌山市(わかやまし)

日高町(ひだかちょう)

知ってる?

うすいえんどう

　明治(めいじ)時代(じだい)に、アメリカからは大阪府(おおさかふ)羽曳野市(はびきのし)の碓井(うすい)地区(ちく)に導入(どうにゅう)されたためその名がついていますが、現在(げんざい)はそのほとんどが和歌山県(わかやまけん)でつくられています。特(とく)に県西部(けんせいぶ)の日高町(ひだかちょう)などからなる、日高(ひだか)地区(ちく)が主(おも)な産地(さんち)となっています。マメ科エンドウ属の一年草(いちねんそう)で、食用とするのはさやの中(なか)の豆(まめ)の部分(ぶぶん)です。粒(つぶ)が大(おお)きく甘(あま)みがあり、ほくほくした食感(しょっかん)があり、和歌山県(わかやまけん)の特産(とくさん)ブランド「紀州(きしゅう)うすい」として全国的(ぜんこくてき)にも知られています。

写真提供:和歌山県農林水産部

COLUMN

日本の主食

　4ページや22ページのコラムを読んで、農林水産省の定義では、いちごが果物ではなく野菜となることを不思議に思っても、米が野菜ではないことを意外に感じた人は少なかったのではないでしょうか。それは、イネ科イネ属の多年草（米づくりのために毎年田んぼに植えて収穫を行っていますが、本来は多年草の植物です）であるイネにつく実＝米が、私たちの主食であるからでしょう。

　農林水産省の野菜の定義の一つに、「副食物であること」とあります。要するに「主食ではないこと」という意味です。米は「加工を前提としないこと」という定義にも当てはまりますが、細かい決まりごとは知らなくても、日本人の中には主食＝米は特別なもの、という意識が強くあります。

　野菜ではないためにこの本では取り上げていませんが、当然ながら米は日本を代表する農産物です。野菜を通じて日本の都道府県を知ろうとするとき、米や果物など、野菜以外の農産物も知ることでより理解が深まります。この本で、農林水産省が野菜と定義していない農産物を紹介しているのも、そのような理由からです。

　たとえば富山県は、野菜の産出額が全国最下位です。面積が全都道府県中33位とそれほど広くないことも理由として考えられますが、米に目を向けると全国12位（平成28年）の収穫量をほこっています。つまり、野菜の収穫量は多くないものの、農業そのものはさかんな県だとわかります。この本を読んで気になったところがある人は、ぜひ米などについても調べてみてください（この本の果物編も3月に発売予定です）。

全9県

中国・四国地方

中国地方は本州の一番西に位置し、5つの県で構成されています。四国地方は日本で4番めに大きい島を中心に、4つの県で構成されています。日本海と太平洋、中国地方と四国地方の間にある瀬戸内海という3つの海があり、それぞれに特徴のある気候条件をいかした野菜づくりが行われています。

中国・四国地方

鳥取県

```
人口………57万人
面積………3,507平方キロメートル
県庁所在地…鳥取市
主な作物……すいか・エシャレット・らっきょう・ねぎ・だいこん
```

　鳥取県の面積の約7割は山地で、南部には中国山地がつらなっています。北東部には日本海に面して鳥取砂丘が広がっています。水の少ない砂丘でも栽培できるらっきょうの生産がさかんで、収穫量は全国2位です。県の中部にある北栄町ではすいかの栽培もさかんです。むかしの町名から「大栄すいか」と名づけられたブランドすいかは、大玉で強い甘みが特徴の名産品です。

たまねぎの仲間である「エシャロット」とは別の野菜です。

エシャレット

ヒガンバナ科ネギ属の多年草。土を盛ることによってらっきょうの「鱗茎」という部分の先を長くして若いうちに収穫したものです。「エシャ」ともよばれています。

秋になると「砂丘のラベンダー」ともよばれるきれいな花を咲かせます。

らっきょう

ヒガンバナ科ネギ属の多年草。地上に出る鱗茎が食用とされます。栽培には水はけのよい土壌が適しているため、県内の砂丘地帯でさかんにつくられています。

知ってる？
砂丘らっきょう

鳥取県の砂丘地帯では、江戸時代かららっきょうが栽培されています。参勤交代のときに、当時江戸にあった植物園である「小石川御薬園」から持ち帰った苗がもとになり、栽培がはじまったと言われています。

写真提供：鳥取県

中国・四国地方

琴浦町　県庁所在地 鳥取市
北栄町

すいか

年間の雨量が多いことで知られる鳥取県ですが、すいかの栽培期間にあたる4月から6月にかけての日照時間はとても長く、光合成がさかんに行われるために甘みの強いすいかをつくることができます。北栄町の名産品である「大栄すいか」や、琴浦町で栽培される、皮が黒くて種が少ない「がぶりこ」などのブランドすいかがあります。

知ってる？
大栄すいか

日本海に面する北栄町では、中国地方で最も高い山である大山のふもとに広がる火山灰質の土壌で100年以上前から大栄すいかの栽培がおこなわれています。「黒ぼく」とよばれるこの土壌は、保水性が高く、有機物を多く含んでおり、すいか栽培に適しています。豊かな土壌と寒暖差の大きい気候によって、甘みが強くシャリシャリした食感のすいかが育ちます。

写真提供：鳥取県

中国・四国地方

島根県
しまね　けん

人口‥‥‥‥69万人
面積‥‥‥‥6,708平方キロメートル
県庁所在地‥‥松江市
主な作物‥‥‥だいこん・キャベツ・はくさい・トマト・ねぎ

日本海に面して細長くのびる島根県は、中海と宍道湖という国内で5・7番目の広さの汽水湖があります。北方には隠岐諸島もあり、水産資源に恵まれた県です。農業では米の産出額が多く、野菜ではキャベツやねぎなどの生産がさかんです。農林水産省の定義では野菜となるメロンは、益田市のアムスメロンなどが全国的にも知られる名産品となっています。伝統野菜も、津田かぶ・秋鹿ごぼう・黒田せりなど、さまざまな品種がつくられています。

津田かぶ漬は「はで」とよばれる物干しにかけて乾かします。

かぶ

松江市の東部で栽培される「津田かぶ」は、勾玉のように上部が太く、下部が細く曲がった形と、あざやかな紫色が特徴です。冬に天日干ししてからぬか漬けにする「津田かぶ漬」も名産品として有名です。

写真提供：島根県農業協同組合

島根県のキャベツは、色と食味の良さで県外でも高く評価されています。

キャベツ

島根県は東西に細長く、海岸部から山地まで、かなりの高低差があります。そのため、夏にすずしい山間部、冬に暖かい平坦部とキャベツの生産地を分けることで、ほぼ1年中の出荷を実現しています。

中国・四国地方

県庁所在地
松江市

益田市

メロン

　県の西部に位置する益田市では「益田アムスメロン」というブランド品種が栽培されています。皮の表面の網目模様がきれいに出るように、つるをひもで地面からつり上げる「立体栽培」という方法でつくられています。他にも、食べ頃になると、緑色の果皮が黄色に変わる「ゴールデンパール」など、さまざまな品種がつくられています。

ゴールデンパール写真提供：島根県農業技術センター

知ってる？

あすっこ

　漬け菜の一種であるビタミン菜と、ブロッコリーを交配させることで生まれた島根県のオリジナル野菜です。葉・茎・蕾が食用とされ、甘みがあり、苦味がないのが特徴です。2003年に誕生し、食感がアスパラガスに似ていることと、アスコルビン酸（ビタミンC）が多く含まれていることに加えて、「明日をめざす野菜」という願いを込めてその名がつけられました。

あすっこ写真提供：島根県農林水産部農産園芸課

中国・四国地方

岡山県

人口…………191万人
面積…………7,115平方キロメートル
県庁所在地…岡山市
主な作物……はくさい・かぼちゃ・マッシュルーム・れんこん・たまねぎ

岡山県の北部には中国山地がつらなり、南部には岡山平野が広がっています。瀬戸内海に面した瀬戸内市牛窓地区では、冬でもあたたかい気候をいかしたはくさいの栽培がさかんで、ゆでると繊維がほぐれてそうめんのようになる「そうめん南瓜」も名産品として有名です。また、同じく瀬戸内市を中心につくられているマッシュルームは、全国1位の収穫量をほこっています。

牛窓地区では西洋かぼちゃの栽培もさかんです。

かぼちゃ

瀬戸内市牛窓地区で昔から食べられている「そうめん南瓜」は、果肉が細長い糸状になっています。ゆでてバラバラにほぐれた果肉を冷たい水で冷やすと、シャキシャキの食感が味わえます。

日本のマッシュルームの約4割が岡山産！

マッシュルーム

ハラタケ科ハラタケ属。うまみ成分を多く含んでいるため、ヨーロッパなどではスープのだし取りにも使われています。日本では明治時代に栽培がはじまったと言われています。

中国・四国地方

県庁所在地
岡山市
瀬戸内市

はくさい

岡山市や瀬戸内市では、傾斜面を利用した棚田や段々畑ではくさいの栽培が行われています。はくさいは岡山県で一番収穫量が多い野菜で、特に、瀬戸内市の牛窓地区が有名な産地となっています。冬でも日照時間が長く、あたたかい気候をいかして「冬黄白菜」というブランド品種の栽培が行われています。

知ってる？

黄にら

砂質の土壌が広がる岡山市北区玉柏地区、牟佐地区を中心に栽培され、その収穫量は全国一をほこっています。県内では明治時代から栽培されており、通常のにらを、光を遮断することであえて光合成させずに育てています。そうすることで、独特の黄色い色と通常のにらにはないやわらかさが生まれます。甘い香りと、やわらかいのにシャキシャキした食感が特徴で、薬味に使われたり、炒め物などにして食べられています。

写真提供：岡山県農林水産部

中国・四国地方

広島県

人口…………283万人
面積…………8,479平方キロメートル
県庁所在地…広島市
主な作物……キャベツ・わけぎ・くわい・
ほうれんそう・たまねぎ

　県内の多くが山地である広島県は、北部に中国山地がつらなり、南部は瀬戸内海に面しています。尾道市などを中心に、薬味などにつかわれるわけぎの生産がさかんに行われており、その収穫量は全国1位です。ほかにも、福山市を中心に栽培されているくわいの収穫量も全国1位です。広島名物のお好み焼きにかかせない具材であるキャベツも、県内全域でつくられています。

酢みそで和えた「ぬた」や炒め物として食べられます。

わけぎ

ヒガンバナ科ネギ属の多年草。ねぎとたまねぎの雑種で、ねぎは種子から育てるのに対し、わけぎは球根から育てます。収穫されたもののほとんどが西日本に出荷されています。

全国の半分以上のくわいが広島産！

くわい

葉の形が鍬に似て、その下にいものような実がなることから「鍬芋」とよばれ、そこから名づけられたと言われています。福山市では明治時代から栽培されています。

中国・四国地方

県庁所在地
広島市

尾道市
福山市

キャベツ

広島名物のお好み焼きに使われるキャベツは、これまで多くを輸入品にたよっていました。しかし、近年は県内での生産に力を入れており、お好み焼きに適した、焼いても水っぽくならず、甘みの強い品種である「なつおこ」などがつくられています。県内全域で、地形や気候の違いに合わせた栽培が行われています。

知ってる？

広島菜

1597年頃、安芸藩主福島正則が参勤交代の際に、同行者が京都の西本願寺で手に入れた種子を広島で育てたことが栽培のはじまりと言われています。そのため、昔は「京菜」ともよばれていました。アブラナ科アブラナ属の一年草で、おもに漬け物にして食べられます。葉や茎が鮮やかな緑色をしており葉の幅が大きいのが特徴で、長野県の野沢菜、熊本県などで栽培されている高菜と並んで「日本三大漬菜」の一つに数えられています。

写真提供：株式会社 猫島商店

中国・四国地方

山口県

人口…………139万人
面積…………6,112平方キロメートル
県庁所在地…山口市
主な作物……れんこん・あさつき・たまねぎ・
　　　　　　かぼちゃ・キャベツ

本州のもっとも西にある山口県は、北部・南部・西部を海にかこまれた漁業がさかんな県です。農林水産業の担い手支援日本一を目指しており、新しく農業を始める人の募集や支援に力を入れています。東部にある岩国市ではれんこんの栽培がさかんで、全国5位の収穫量をほこっています。薬味などにつかわれるあさつきの栽培もさかんです。

9〜10月に収穫されます。

れんこん

水面にのびて花をさかせるハスの地下茎を食用とするれんこんは、水をはった水田で栽培が行われています。江戸時代から栽培されている「岩国れんこん」は、郷土料理である「岩国寿司」などに用いられています。

「小ねぎ」とよばれる細く小さなねぎや、わけぎとは別種の野菜です。

あさつき

ヒガンバナ科ネギ属の多年草。ふぐ（山口県では主に「ふく」とよびます）で有名な下関ですが、近海でとれるわけではなく、遠州灘や日本海沿岸でとれたものが下関で水揚げされる、集積地となっています。下関市の安岡地区などで栽培されるあさつきは、ふぐ料理に欠かせない薬味に用いられます。

知ってる？
岩国（いわくに）れんこん

江戸時代（えどじだい）に、岩国（いわくに）に住む村本三五郎（むらもとさんごろう）が藩主（はんしゅ）の命令（めいれい）をうけ、現在（げんざい）の岡山県（おかやまけん）から種（たね）となるれんこんを持ち帰（もちかえ）って植えつけたのが「岩国（いわくに）れんこん」のはじまりだと言われています。通常（つうじょう）8つある穴（あな）が9つあり、その断面（だんめん）の見た目（みため）が当時（とうじ）の岩国藩主（いわくにはんしゅ）・吉川家（きっかわけ）の家紋（かもん）に似（に）ていたため、縁起（えんぎ）のいい野菜（やさい）として喜（よろこ）ばれたそうです。

写真提供：岩国市観光振興課

中国・四国地方

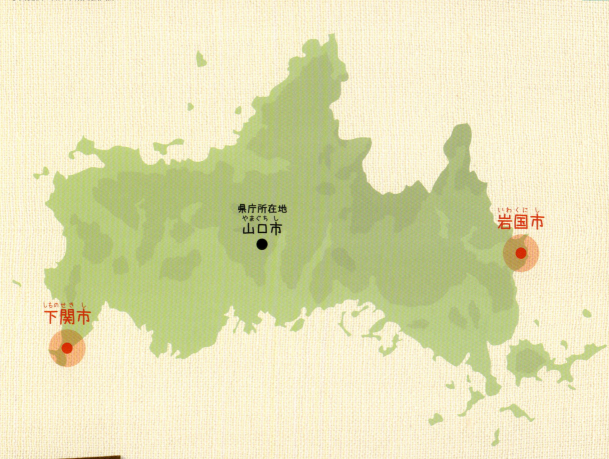

知ってる？
はなっこりー

ブロッコリーと、中国（ちゅうごく）の野菜（やさい）であるサイシンを配合（はいごう）してつくられた山口県（やまぐちけん）のオリジナル野菜（やさい）です。品種改良（ひんしゅかいりょう）を繰り返（くりかえ）し、1996年に誕生（たんじょう）しました。葉（は）・茎（くき）・蕾（つぼみ）が食用（しょくよう）とされ、苦味（にがみ）がないため、幅広（はばひろ）い料理（りょうり）に使用（しよう）されます。花と茎を食（た）べる野菜（やさい）のことを言う「はなな」と、ブロッコリーとを組み合（くみあ）わせてその名（な）がつけられました。

写真提供：全農山口県本部

中国・四国地方
徳島県

人口…………75万人
面積…………4,147平方キロメートル
県庁所在地…徳島市
主な作物……トマト・なす・きゅうり・カリフラワー・しいたけ

　四国の東部にある徳島県の北と南には山がつらなり、その間に吉野川が流れています。東の平野部では特に野菜づくりがさかんで、カリフラワーの収穫量は全国2位をほこります。あたたかい気候をいかし、トマト・なす・きゅうりなどが一年を通じてつくられています。農林水産省の定義では野菜にふくまれない菌類ですが、徳島市を中心につくられている生しいたけの収穫量は全国1位です。

約2000年前から栽培されていたと言われています。

カリフラワー

　アブラナ科アブラナ属の一年草または二年草。ブロッコリーに、花が未熟な状態で発達が止まる突然変異が起こり生まれた野菜で、未熟な花の部分を食べます。日光にあたると黄色く変色してしまうため、直接日光にあたらないように栽培されます。

緑色の実は完熟すると白くなります。

しろうり

　ウリ科キュウリ属のつる性一年草。メロンの仲間ですが、甘みは少なく、漬け物などに使われます。特に、奈良県発祥の奈良漬に使われることが多く、シャキシャキした食感が特徴です。

中国・四国地方

鳴門市

県庁所在地
徳島市

生しいたけ

　ツキヨタケ科シイタケ属。主にしいの木に生えることからその名がつきました。クヌギなどの原木を使う栽培方法と、おがくずに米ぬかなどを混ぜた菌床を使う栽培方法がありますが、徳島県ではほぼ全てのしいたけが菌床栽培でつくられ、一年を通して収穫されています。かさの部分に厚みがあって香りが強いのが特徴です。

知ってる？

なると金時

　県の北部、鳴門海峡に近い砂質の土壌で栽培されています。一年を通じて温暖で降雨量の少ない気候によって、ホクホクしたやわらかい食感になっています。中身が黄金色をしているさつまいもを「金時芋」とよんでいたことから、「なると金時」という名がつけられました。鳴門市里浦町の「里むすめ」、徳島市川内町の「甘姫」など、地域によって独自のブランドがつくられています。

写真提供：鳴門市農林水産課

中国・四国地方

香川県

人口‥‥‥‥97万人
面積‥‥‥‥1,877平方キロメートル
県庁所在地‥‥高松市
主な作物‥‥‥ブロッコリー・レタス・にんにく・たけのこ・にんじん

香川県は四国の北東部にあり、北部は瀬戸内海に面しています。全国でもっとも面積が小さい県ですが、平地は広く、讃岐平野を中心に野菜づくりがさかんに行われています。中でも、高松市などでつくられているブロッコリーの収穫量は全国4位です。また、県の西端にある観音寺市をはじめとしたレタスの生産もさかんで、土づくりにこだわったブランド野菜「らりるれレタス」が名産品になっています。

「花蕾」とよばれる花のつぼみの集合体と茎を食べます。

ブロッコリー

アブラナ科アブラナ属の一年草または二年草。キャベツの花が異常に大きくなる突然変異で生まれた野菜です。あたたかくなると鮮度が失われるため、香川県のブロッコリーは、夜明け前から収穫をはじめ、氷づめにして出荷する「朝どり」が行われており、品質の高さで有名です。甘みが強く、茎までやわらかくておいしいのが特徴です。

強い香りが特徴です。

セルリー

セリ科オランダミツバ属の一年草または二年草。「セロリ」とよばれることも多い野菜です。茎からのびる太い葉柄が主に食用とされます。

知ってる？

ヤーコン

見た目はさつまいもに似ていますが、サクサクした歯ごたえで、あっさりした甘味があります。県の中部にあるまんのう町で栽培されています。キク科スマランサス属の多年草で、南米のアンデス地方が原産の野菜です。

写真提供：（一財）かがわ県産品振興機構

中国・四国地方

県庁所在地
高松市

坂出市

まんのう町

観音寺市

レタス

11月から翌年の3月にかけて出荷される、冬レタスの栽培が特にさかんです。ブランド品種「らりるれレタス」は、シャキシャキした歯ごたえと甘さが特徴です。

知ってる？

金時にんじん

にんじんの品種の一つで、甘みの強さとやわらかな食感が特徴です。香川県では坂出市、観音寺市を中心に海岸地帯の砂地で栽培され、その収穫量は日本一です。鮮やかな赤色をしているため、おせち料理などに彩りをそえる食材として使われているほか、香川県の郷土料理である「あんもち雑煮」にかかせない野菜でもあります。

写真提供：（一財）かがわ県産品振興機構

中国・四国地方

愛媛県

```
人口‥‥‥‥137万人
面積‥‥‥‥5,676平方キロメートル
県庁所在地‥松山市
主な作物‥‥たまねぎ・そらまめ・しそ・
　　　　　　さといも・キャベツ
```

　愛媛県の約9割は山地で、西日本でもっとも高い石鎚山がそびえています。瀬戸内海沿岸のあたたかい気候をいかした柑橘類など、果物の生産がさかんなことで有名です。野菜では、春から夏にかけて出荷されるたまねぎの収穫量が県内でもっとも多く、松山市を中心に栽培されるそらまめ、大洲市などで栽培されるしそなどが名産品として知られています。

豆のうす皮も栄養豊富で食べることができます。

そらまめ

マメ科ソラマメ属の一年草または二年草。茎についた葉のわきになる果実が食用とされ、さやの中に入った大きな豆を食べます。果実が空に向かってなることから「そらまめ」の名がつきました。

つぼみや果実も食べられます。

しそ

シソ科シソ属の一年草。おもに葉の部分を食用とします。愛媛県では「青しそ」や「赤しそ」などが栽培され、加工食品や漢方薬などにも使われます。

中国・四国地方

津和地島
県庁所在地 松山市
西条市
石鎚山
大洲市

たまねぎ

瀬戸内海に浮かぶ松山市の津和地島では、たまねぎの栽培がさかんにおこなわれています。人口300人ほどの小さな島の、ほとんどの農家でたまねぎをつくっており、ほかの地域では栽培がむずかしい冬から春先にかけての寒い季節に収穫されます。斜面につくられた段々畑で栽培され、そのまま生で食べられるほど甘みが強いのが特徴です。

知ってる？
西条の七草

県の北東部にある西条市では「春の七草」の栽培がさかんです。春の七草とは、せり、なずな、ごぎょう、はこべら、ほとけのざ、すずな、すずしろの7種の野菜のことです。日本には、平安時代から毎年1月7日に「七草粥」を食べる風習があり、それによって一年を健康に過ごすことができると言われています。西条市では大晦日から4日間ほどの短い期間で七草を収穫し、おもに関西圏などに出荷しています。

中国・四国地方

高知県

```
人口…………72万人
面積…………7,104平方キロメートル
県庁所在地…高知市
主な作物……なす・ピーマン・きゅうり・にら・
　　　　　　しょうが
```

四国で一番広い面積を持つ高知県は、北部に四国山地がつらなる、山と森林の多い地域です。南にある平野部では、なす・ピーマン・きゅうりなどのハウス栽培がさかんで、特になすは全国1位の収穫量をほこります。にらやしょうがなどの収穫量も全国1位で、あたたかな気候、日照時間の長さ、降水量の多さといっためぐまれた条件をいかした野菜づくりがさかんに行われています。

ブランド品種「黄金生姜」は四万十町の名産品です。

しょうが

高知県の秋期の昼と夜の温度差、降水量の多さはしょうがづくりに適しています。特に四万十町での栽培がさかんで、一株の重さが1キログラム以上にもなる大ぶりなしょうがが収穫されます。

一般的には単に「みょうが」とよばれます。

花みょうが

安芸市・四万十町・須崎市を中心に、ハウス栽培と露地栽培によって一年を通じて収穫されています。特にハウス栽培がさかんで、収穫量は全国1位をほこっています。

知ってる？

田舎寿司

山間部に伝わる郷土料理で、おもに野菜を用いたお寿司です。「りゅうきゅう」ともよばれるハスイモ、花みょうがなどをネタにしたにぎり寿司や、たけのこをつかった詰め寿司など、その土地土地の食材でつくられています。

写真提供：（公財）高知県観光コンベンション協会

中国・四国地方

なす

高知県では、あたたかい気候と長い日照時間をいかし、11月から6月にかけて、なすのハウス栽培がさかんにおこなわれています。皮の柔らかさが特徴で、長卵形で色鮮やかな「千両なす」などの普通なす、果肉がしっかりつまっているのが特徴で、円形で大きな「くろわし」などの米なすをはじめ、安芸市を中心にさまざまな品種が栽培されています。

知ってる？

なすの生産日本一

安芸市では、一年を通じて温暖な気候や長い日照時間をいかして昔から施設園芸がさかんでした。施設での促成栽培の技術が向上するにつれ、冬から春にかけて出荷される「冬春なす」の収穫量が増え、日本一の生産地となりました。市内では、「普通なす」「米なす」のほか、長さが3センチ～8センチほどと小さい「小なす」なども栽培されています。

写真提供：安芸市観光協会

葉っぱを売る？

　ここでは、野菜に限った話ではありませんが、植物を使ったユニークなビジネスとして全国からも注目を集めている、興味深い取り組みを紹介します。
　その舞台は、徳島県中部に位置する上勝町です。人口1699人、834世帯（平成28年1月1日現在）、高齢者比率51.4%という、過疎化と高齢化が進行する町です。この町では地方自治体、企業、住民などが一つになって、30年ほど前から植物の「葉っぱ」を売る事業を始めました。
　「葉っぱ」といってもただの葉ではなく、料理を美しく彩る、季節の花や葉、山菜などの「つまもの」のことです。お刺身にそえられている千切り大根をイメージするとわかりやすいかもしれません。これらを栽培・出荷・販売しているのです。一口につまものと言っても、だいこん、わさび、しそ、パセリなどの野菜だけではなく、もみじ、ささ、南天といった植物の葉なども含まれます。懐石料理などでは、季節に合ったつまものが料理をさらに美しく引き立ててくれます。
　この葉っぱビジネスでは、農家の方が農協を通じて出荷を行っています。特徴的なのは、株式会社いろどりという第三セクターが、全国の市場情報を「上勝情報ネットワーク」を通じて農家に配信していることです。農家の方はパソコンやタブレット端末を使いこなし、その情報をもとに全国に出荷しています。現在、葉っぱの種類は320以上もあり、多くの高齢者が元気に働いています。

もみじ、梅の花、わさび、にんじんが刺身のつまものとして添えられています。
写真提供：株式会社いろどり

上勝町では、人口の半分以上を占める高齢者の方の多くが葉っぱビジネスで活躍しています。
写真提供：株式会社いろどり

全8県

九州・沖縄地方

　九州地方は日本で3番めに大きい島を中心に7つの県で構成され、温暖な気候をいかした野菜づくりが行われています。沖縄県は160もの島からなる日本で最も南西にある都道府県です。明治初期までは琉球王国という別の国であったため、野菜も含め、他の都道府県にはない特徴的な文化が今に伝わっています。

九州・沖縄地方
福岡県

```
人口……………510万人
面積……………4,986平方キロメートル
県庁所在地…福岡市
主な作物……いちご・たけのこ・なす・ト
　　　　　　　マト・レタス
```

九州の北部にある福岡県は、九州地方の経済や文化の中心地です。県の南部に広がる筑紫平野を中心に、いちご・なす・トマト・レタス・きゅうりなど、さまざまな野菜がつくられています。特にいちごは、粒の大きさと強い甘みが特徴の「博多あまおう」が、ブランドいちごとして有名です。また、県の北部・南部で生産のさかんなたけのこは、全国1位の収穫量をほこっています。

日本のたけのこの約3分の1が福岡産！

たけのこ

県の南部にある八女市には水分を多く含む粘土質の土壌が広がっています。この土がたけのこの成長に適していることから、江戸時代からさかんに栽培が行われています。北九州市小倉北区では、えぐみが少なくやわらかい歯ごたえが特徴の「合馬たけのこ」というブランド品種が栽培されています。

ピリッとした辛みが特徴です。

かいわれだいこん

アブラナ科ダイコン属の一年草。かいわれだいこん専用の種子から育て、発芽したばかりの胚軸と子葉を食用とします。

知ってる？
伊都菜彩

　福岡県の西部にある糸島市にある施設で、全国にあるJA直売所の中でも日本一の売上をほこっています。糸島市でつくられた農畜産物を販売しており、トマトやきゅうり、キャベツなどの新鮮な野菜類が並びます。

写真提供：(公社)福岡県観光連盟

九州・沖縄地方

北九州市小倉北区

県庁所在地
福岡市

糸島市

八女市

たで

　タデ科イヌタデ属の一年草。独特の苦味があり、そんなたでを好む虫がいるように、人の好みは様々であるという意味の「蓼食う虫も好き好き」ということわざのもとになっています。

知ってる？
博多あまおう

　福岡県だけで栽培されている「博多あまおう」は、長い研究開発の末に生まれた品種です。県内では「博多とよのか」が代表的なブランドとして知られていましたが、それよりもさらに甘みが強く、粒が大きいいちごを目指してつくられました。「あかい」「まるい」「おおきい」「うまい」の４つの頭文字をとってその名がつけられました。

写真提供：JA全農ふくれん園芸部生産販売課

九州・沖縄地方
佐賀県

- 人口………82万人
- 面積………2,441平方キロメートル
- 県庁所在地…佐賀市
- 主な作物……いちご・なす・ピーマン・たまねぎ・アスパラガス

佐賀県の北部には、筑紫山地の山々がつらなり、そのすそ野に筑紫平野が広がっています。あたたかい気候をいかした野菜づくりがさかんで、いちご・なす・ピーマンなど、多くの品種がつくられています。中でも、県の南部を中心につくられているたまねぎは、北海道・兵庫県に続く全国3位の収穫量です。県内全域でつくられているアスパラガスも、全国3位の収穫量をほこります。

たまねぎ

> 佐賀平野はミネラル分が豊富な土壌です。

杵島郡白石町、唐津市、鹿島市を中心に、温暖な気候をいかして栽培されています。特に白石町での栽培がさかんで、干潟を干拓してできた佐賀平野の土壌によって、甘くてやわらかい味がつくられます。「さが春一番たまねぎ」というブランド品種は、たまねぎ特有の辛みが少ないため、サラダとして生で食べるのにも適しています。

アスパラガス

> ホワイトアスパラガスはビニールハウスの中で日光に当てずに育てます。

佐賀県ではあたたかい気候をいかし、1月から10月までの長い期間にわたって収穫が行われています。緑色をした一般的な「グリーンアスパラガス」のほか、白色の「ホワイトアスパラガス」の栽培も行われています。緑色のものより柔らかくて甘味があるのが特徴です。

知ってる?

さがほのか

「さがほのか」は佐賀県で生まれたいちごの品種です。果実が大きい「大錦」と甘みが強い「とよのか」を配合して、1998年に誕生しました。佐賀県で作られているいちごのほとんどが「さがほのか」です。形がよく、収穫量が多いため、佐賀県だけでなく全国で生産されています。上品な甘さとすっきりとした酸味が特徴です。

写真提供:佐賀県農林水産部園芸課

九州・沖縄地方

知ってる?

アイスプラント

ハマミズナ科メセンブリアンテマ属の一年草あるいは多年草。佐賀大学が1999年に土壌改良のために栽培方法の研究を開始し、2001年には野菜化の研究もはじまりました。その後、佐賀大学はベンチャー企業を設立し、「バラフ」というブランド名で生産販売を手がけています。また、近年は佐賀県外の農家や企業でもつくられています。

写真提供:株式会社農研堂

九州・沖縄地方

長崎県

人口…………136万人
面積…………4,132平方キロメートル
県庁所在地…長崎市
主な作物……じゃがいも・レタス・トマト・アスパラガス・たまねぎ

日本本土で最も西に位置する長崎県は、県内に約600もの島があり、県の面積の約4割が島になっています。五島列島や島原半島を中心に、県内各地でつくられているじゃがいもは、北海道に続く全国2位の収穫量をほこります。長崎市の周辺を中心にいちごの生産もさかんで、「さがほのか」や「さちのか」といったブランドいちごで知られています。

トマトは17世紀にオランダから長崎に伝わったとされています。

トマト

西海市大島町では「大島トマト」というブランド品種の栽培が行われています。先端の部分がとがっている形と、与える水の量を制限することで生まれる強い甘みが特徴です。

写真提供：一般社団法人長崎県観光連盟

じゃがいも

長崎県は、海外から日本にはじめてじゃがいもが伝来した地であると言われています。県の南東にある島原半島や、西側の海上に浮かぶ五島列島を中心に栽培されています。

九州・沖縄地方

知ってる？
アスパラガス伝来の地

ヨーロッパ原産のアスパラガスが日本に伝来したのは江戸時代のこと。オランダからの船によって長崎に伝えられました。当時は「マツバウド」とよばれ、食用ではなく観賞用として栽培されていました。

写真提供：長崎市水産農林部

西海市大島町

県庁所在地
長崎市

知ってる？
ながさきの伝統野菜

いち早く外国との貿易が行われていた長崎県では、海外から伝来した野菜がたくさん栽培されてきました。その中でも、長崎の郷土料理に昔から使われているものを「ながさきの伝統野菜」として認定しています。18世紀から栽培されていたといわれる「長崎赤かぶ」、はくさいの一種である「唐人菜」など16品目があります（2017年11月現在）。

写真提供：長崎市水産農林部

九州・沖縄地方

熊本県

```
人口………177万人
面積………7,409平方キロメートル
県庁所在地…熊本市
主な作物……たまねぎ・なす・ブロッコリー・
　　　　　　トマト・すいか
```

　県の東部に九州山地があり、北部と南部も山地にかこまれている熊本県では、西部の平野部を中心に野菜がつくられています。たまねぎ・なす・ブロッコリーをはじめ、たくさんの種類がつくられている中でも、トマトとすいかの収穫量は全国1位です。また、なすの収穫量は全国2位、メロンの収穫量は全国3位となっており、日本でも有数の野菜づくりがさかんな県です。

> 熊本赤なすは大正時代から栽培されています。

なす

　名産品の「熊本赤なす」は、長くて大きいのが特徴です。大きいものは長さ30センチにもなります。甘く、やわらかな歯ごたえの品種です。

写真提供：熊本市

> 作付面積も熊本県が日本一です。

すいか

　熊本県ではビニールハウスでのすいか栽培が中心で、主に4月から5月にかけて収穫が行われます。昼と夜の気温差によって生まれる強い甘みが特徴となっています。

知ってる？
塩トマト

県南部の八代市を中心に栽培されています。土壌に塩分やミネラルが多く含まれる干拓地で栽培することで、成長がおさえられて通常のトマトよりも味わいが濃くなり、強い甘みが生まれるのが特徴です。

写真提供：熊本県農林水産部

九州・沖縄地方

トマト

北部の玉名市、南部の八代市を中心に、一年を通じてトマトの栽培が行われています。特に12月〜6月にかけて出荷される「冬春トマト」の栽培がさかんです。八代平野の干拓地では、「塩トマト」という変わった品種の栽培も行われています。土の中の塩分の濃度が高いことによって生まれる、強い甘みと酸味が特徴です。

知ってる？
阿蘇高菜

高冷地特有の気候と、阿蘇山の火山灰土壌をいかし、阿蘇地方を中心に栽培されています。カラシナの一種で、中央アジアが原産地だと言われるアブラナ科アブラナ属の二年草です。秋に種をまき、3月中旬から下旬ごろにかけて、開花する前の茎を1本ずつ手で折って収穫します。ピリッとした辛みが特徴で「高菜漬け」にして食べられます。

写真提供：合名会社 志賀食品

九州・沖縄地方

大分県

```
人口………116万人
面積………6,341平方キロメートル
県庁所在地…大分市
主な作物……ねぎ・トマト・いちご・ピーマン・しいたけ
```

山地が多い大分県は、南部から中央にかけて火山帯がのびており、その近くには別府市の別府温泉や由布市の由布院温泉など、有名な温泉地があります。冬でもあたたかい南の沿岸部や、夏でもすずしい西部の高原地帯などで、それぞれの気候をいかした野菜づくりが行われ、ねぎ・トマト・いちご・ピーマンなどが多く栽培されています。分類としては菌類ですが、乾しいたけの収穫量は全国1位です。

大きさによって「どんこ」「こうこ」などの名でもよばれます。

乾しいたけ

生しいたけを乾燥させたものが乾しいたけです。乾燥することによって、栄養成分が凝縮され、香りや旨みも強くなります。大分県では、広い森林地帯にしいたけの原木となるクヌギの木が豊富にあったことから、江戸時代からさかんに栽培が行われています。

主に香辛料として使用されます。

とうがらし

ナス科トウガラシ属の一年草。一般的なとうがらしは、花についた子房がふくらみ、熟すと赤い色になります。強い辛みが特徴です。

知ってる？

宗麟かぼちゃ

1541年頃、大分県に流れついたポルトガルの船から、キリシタン大名として知られる大友宗麟に伝えられ、栽培されるようになったと言われていることから「宗麟かぼちゃ」の名がつきました。近年、大分県では途絶えていた栽培が復活しています。

写真提供：大分県豊肥振興局 奈良絵美

九州・沖縄地方

みつば

セリ科ミツバ属の多年草。1枚の葉が3枚の小葉からなっていることからこの名がつきました。香りの強さが特徴で、主に日本料理に使用されます。

知ってる？

ゆずこしょう

ゆずの皮を細かくきざみ、青とうがらしと塩を加えてすり合わせた香辛料です。ゆずのさわやかな香りとピリッとした辛さが特徴で、日田市が発祥の地だといわれています。九州の一部の地方ではとうがらしのことを「こしょう」とよんでいたため、この名がつきました。九州地方を中心に、刺身や焼鳥などの薬味として使われています。

写真提供：JAおおいた

九州・沖縄地方

宮崎県

人口‥‥‥‥‥109万人
面積‥‥‥‥‥7,735平方キロメートル
県庁所在地‥‥宮崎市
主な作物‥‥‥きゅうり・たまねぎ・かぼちゃ・
　　　　　　　ピーマン・ズッキーニ

　九州地方の南東部にある宮崎県では、県の面積の7割以上が山地になっていますが、東部の沿岸に面して広がる宮崎平野にふくまれる宮崎市や西都市を中心に、野菜の栽培がさかんにおこなわれています。年間を通じてあたたかい気候をいかし、きゅうり・たまねぎ・かぼちゃをはじめとしたたくさんの種類がつくられており、きゅうりの収穫量は全国1位、ピーマンとズッキーニの収穫量は全国2位となっています。

西都市ではカラーピーマンの生産もさかんです。

ピーマン

　ピーマンには、夏から秋にかけて収穫する「夏秋もの」と冬から春にかけて収穫する「冬春もの」がありますが、宮崎県では「冬春もの」を中心に栽培が行われています。

加熱しても生でもおいしく食べられます。

ズッキーニ

　ウリ科カボチャ属のつる性一年草。きゅうりに似ていますが、かぼちゃの仲間です。熟しきる前に収穫した果実を食用としています。

知ってる？
黒皮かぼちゃ

その名の通り、皮がつややかな黒色をしています。あたたかく、日照時間の長い気候をいかして栽培されているため「日向かぼちゃ」ともよばれます。ずっしりとした重みがあり、まろやかな甘みとやわらかい食感が特徴です。

九州・沖縄地方

西都市

県庁所在地
宮崎市

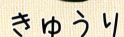

きゅうり

一年を通じてあたたかく、日照時間が長いという気候をいかし、ビニールハウスでの栽培がさかんに行われています。露地栽培のきゅうりは主に夏に収穫されますが、宮崎県では促成栽培が中心で、冬から春にかけて全国に出荷されています。表面のイボを傷つけるとそこから水分が出ていってしまうため、注意しながら収穫されています。

知ってる？
きゅうり生産日本一

宮崎県では、昭和28年ごろから宮崎市できゅうりの栽培がはじまり、当初はトンネル状の骨組みにビニールを張って栽培する「トンネル栽培」がさかんに行われていました。昭和35年ごろから大規模なハウス栽培が行われるようになり、その後は交通手段の発達によって、全国へと出荷されるようになりました。産地の高低差と栽培方法の使い分けをいかして、年間を通しての出荷を実現しています。また、県内でも郷土料理の「冷や汁」（写真）に欠かせない食材として親しまれております。

九州・沖縄地方

鹿児島県

人口………163万人
面積………9,187平方キロメートル
県庁所在地…鹿児島市
主な作物……さつまいも・さやえんどう・
　　　　　　オクラ・かぼちゃ・ピーマン

　九州で一番南にある鹿児島県は、活火山の桜島をかかえこむような形をしており、多くの部分が火山灰などがふりつもってできたシラス台地になっています。火山性の土とあたたかい気候をいかしたさつまいもは特に有名で、収穫量も全国1位です。さやえんどうの収穫量も全国1位で、他にもかぼちゃが全国2位、ピーマンが全国3位の収穫量をほこる野菜づくりのさかんな県です。

おもに和食で用いられます。

さやえんどう

マメ科エンドウ属のつる性一年草で、えんどうのさやを未成熟なうちに収穫し、さやごと食べます。「絹さや」ともよばれます。

独特のねばりが特徴です。

オクラ

アオイ科トロロアオイ属の一年草（熱帯地方では多年草）。黄色い花につく果実を熟しきる前に収穫し、食用とします。鹿児島県内では、指宿市を中心に栽培されています。

知ってる？
桜島だいこん

「島でこん」ともよばれる「桜島だいこん」は、一つの重さが15キログラムから20キログラムにもなる大型のだいこんです。「世界一大きな大根」としてギネス世界記録にも認定されています。

写真提供：鹿児島県

九州・沖縄地方

さつまいも

江戸時代のはじめに現在の鹿児島県にあたる薩摩藩で栽培されはじめたことから「さつまいも」の名でよばれるようになりました。米が不作であるときに貴重な食糧となる「救荒作物」として、全国でさかんに栽培されるようになりました。鹿児島県には「安納紅」や「黄金千貫」などのブランド品種があります。

知ってる？
安納いも

第二次世界大戦後に、スマトラ島のセルダンという地域から持ち帰られたいもを、種子島で栽培したのが「安納いも」のはじまりだと言われています。強い甘みと、ねっとりとした食感があり、安納地域を中心に栽培されていたことからその名でよばれるようになりました。1998年には「安納紅」「安納こがね」の二つが正式に品種登録されました。

写真提供：鹿児島県

九州・沖縄地方

沖縄県

人口……………143万人
面積……………2,281平方キロメートル
県庁所在地…那覇市
主な作物……さとうきび・にがうり・とうがん・モロヘイヤ

日本のもっとも西にある沖縄県は、海にかこまれた160もの島からなります。一年を通してあたたかく、雨が多い気候をいかした野菜づくりが行われており、郷土料理にも使われるにがうり（ゴーヤー）・とうがん・さとうきびなどが全国1位の収穫量をほこります。「島野菜」とよばれる沖縄県の伝統野菜も有名で、よもぎ・オクラ・らっきょうなどの伝統的な品種がつくられています。

独特の苦味が特徴です。

にがうり

ウリ科ツルレイシ属のつる性一年草。熟す前に収穫した果実が食用とされます。「ゴーヤー」の名でも知られる、沖縄料理には欠かせない食材です。

沖縄では「シブイ」とよばれます。

とうがん

ウリ科トウガン属のつる性一年草。沖縄ではおもに家庭料理に使われています。漢字では「冬瓜」と書きますが、主に夏に収穫される野菜です。

知ってる？

パパイヤ

黄色い色をしたフルーツというイメージのあるパパイヤですが、沖縄では熟す前の青い状態で収穫し、炒め物や煮物に適した野菜として親しまれています。夏が旬の野菜として、18世紀ごろから栽培されてきました。

写真提供：沖縄観光コンベンションビューロー

九州・沖縄地方

県庁所在地
那覇市

糸満市

さとうきび

イネ科サトウキビ属の多年草。3メートル以上にのびるかたい茎には糖分が多く含まれます。そのしぼり汁を煮つめて乾燥させることで、砂糖がつくられます。台風や干ばつにも強く、江戸時代からさかんに栽培されています。沖縄県では「ウージ」の名でよばれ、県にある畑のおよそ半分はさとうきび畑になっています。

知ってる？

島野菜

沖縄県では、地域特有の野菜がたくさん栽培されています。その中でも、昔から郷土料理に使用されている28品目（2017年11月現在）が「おきなわ伝統的農産物」に認定され、「島野菜」の通称で親しまれています。糸満市を中心に栽培されている「島ニンジン」は、17世紀にシルクロードから中国に渡り、日本に伝わったと言われています。

写真提供：沖縄県農林水産部　流通・加工推進課

用語集

　この本には、野菜やその栽培方法などについての専門用語や、ふだんはあまり見聞きしない言葉が出てきます。ここでは、その中でも特に大切な言葉や、難しい言葉について説明します。

囲炉裏 ……………………（17ページ初出）
　日本の伝統的な家屋の中に設置されている炉のこと。「炉」は火を燃やすための設備や器具のことで、囲炉裏は調理や暖房に使われます。

加工 ………………………（4ページ初出）
　原材料に手を加えて、何か新しいものをつくること。4ページでふれているこんにゃくいもの場合、私たちが口にする「こんにゃく」になるまでに、大まかに分けても「収穫したこんにゃくいもを洗って炊く」→「ミキサーなどですってペースト状にする」→「凝固剤（固めるための添加物）を入れる」→「パッケージに収まる形に成形する」といったさまざまな工程があります。

確固 ………………………（4ページ初出）
　しっかりとゆるぎない状態のこと。4ページのコラムでは、野菜の定義として、農林水産省の定義は信頼性の高いものではあるけれど、ほかにもさまざまな考え方があってもよい——という意味合いで用いられています。

果皮 ………………………（33ページ初出）
　種子を持つ植物の、果実を取りかこんでいる部分全体を指します。果皮はさらに、一番外側の「外果皮」、種子を直接かこんでいる「内果皮」、外果皮と内果皮の中間部分である「中果皮」に分類できます。

柑橘類 ……………………（90ページ初出）
　ミカン科ミカン属やミカン科キンカン属などの植物の総称（共通点を持ったあるまとまりを、大きくくくったときの名称のこと）で、みかんやオレンジなど、さまざまな果物がふくまれています。共通点として、さわやかな香りと甘酸っぱい味があげられます。

干拓・干拓地 ……………（44ページ初出）
　干潟（116ページ参照）や、浅い湖や沼などに、水が入ってこないようにしたり、水を抜いたりすることで陸地にすること。地盤が弱いので、家を建て、人が住む目的ではなく、農地にするためにされることが多く、干拓した土地を「干拓地」と言います。

器官 ………………………（58ページ初出）
　野菜なら茎や根、人間なら手や足や心

臓などのような、動植物を構成する、周囲の別の部分と区別される、ひとまとまりの形と特定の機能を持っている部分のこと。

飢饉 (36ページ初出)

農作物の不作などによって、多数の人々が飢え（空腹）に苦しむこと。江戸時代には、数万～数十万もの餓死者が出たという説もあるほどの、大きな飢饉がたびたび起こっています。

近縁 (13ページ初出)

生物の分類上、近い関係にあること。ある種類の近縁である種類のことを「近縁種」と言います。

菌類 (4ページ初出)

きのこ・カビ・酵母といった生物の総称で「真菌類」とも言います。スーパーマーケットの野菜売り場にも置いてある、私たちがよく親しんでいる生物であることから、しいたけなどの菌類もこの本では紹介していますが、きのこ類は動物や植物とは別の生物であり、野菜ではありません。

原種 (35ページ初出)

品種改良などによって生まれた動植物の、改良が行われる前の野生の種類のこと。

耕地面積 (6ページ初出)

農作物を育てるために使われている土地の面積のこと。

根茎 (50ページ初出)

地下茎（114ページ参照）の一種で、地中や地表をはうようにのびる、根のように見える茎のこと。単純に根と茎を指す言葉として使われることもあります。

砂丘 (40ページ初出)

風によって運ばれた砂が丘状に積み重なった地形のこと。日本では鳥取県の鳥取砂丘が有名。

作付面積 (102ページ初出)

農作物を実際に植えている部分の面積のこと。たとえば田んぼの周囲にあるあぜ道は耕地面積には含まれますが、作付面積には含まれません。

JA (13ページ初出)

"Japan Agricultural Cooperatives"の略称で「農業協同組合」という意味です。農家や、農業を行う法人が設立した組合で、農業を支援するためのさまざまな取り組みを行っている組織です。

子房 (33ページ初出)

花のめしべの下部のふくらんでいる部分で、胚珠を包んでいます。胚珠が受精して発達すると、子房は果実に、胚

用語集

珠は種子になります。

収穫・収穫量 (6ページ初出)
「収穫」はつくった農作物を食べたりするためにとることで、「収穫量」は農作物をとった量を意味します。「生産量」や「出荷量」という言葉もありますが、これらは一般的に、実が欠けているものなど、商品として出荷できないものを取り除いた量や、加工が必要な農作物なら加工を終えたものの量を指すため、収穫量とは違う意味の言葉として使われます。

生育地 (58ページ初出)
動植物が生まれ育った土地のこと。

世界自然遺産 (17ページ初出)
1972年にユネスコ（国際連合教育科学文化機関）の総会で採択された「世界遺産条約（世界の文化遺産及び自然遺産の保護に関する条約）」にもとづいて、人類にとって特に重要な価値を持ち、未来に受け継ぐために守っていく必要があると認められた遺産が「世界遺産」です。世界遺産は「文化遺産」と「自然遺産」に分けられ、日本では白神山地の他に、北海道の知床、東京都の小笠原諸島、鹿児島県の屋久島が世界自然遺産に登録されています。

草本性 (4ページ初出)
植物は、茎がある程度育ったあと、木にならない「草」とよばれるものと、木質化する「木」とよばれるものに分類できます。前者の性質を「草本性」と言い、後者の性質を「木本性」と言います。植物をそれぞれの性質から「草本類」「木本類」と分類することもあります。

促成栽培 (93ページ初出)
ビニールハウスや温室などを利用して、農作物の収穫・出荷時期を、人工的に露地栽培（117ページ参照）よりも早める栽培方法のこと。一般的な流通時期より早く出荷することで商品価値を高める目的があります。反対に、一般的な流通時期より遅く収穫・出荷するように栽培することを「抑制栽培」と言います。

第三セクター (94ページ初出)
英語では、NPOなどの非営利組織を指しますが、日本では、第一セクター（国や地方自治体など）と第二セクター（民間企業）が共同で設立した法人組織を指す意味で用いられます。公共事業として行われ、赤字などの問題に苦しんでいる事業を、民間の力で再生することを目的に設立されることが一般的です。

地下茎 (7ページ初出)
地中にある茎のこと。じゃがいもやたまねぎ、花みょうがなどが地下茎を持っています。

DNA (38ページ初出)

生物の細胞の中の核にある「デオキシリボ核酸（Deoxyribonucleic Acid）」の略称。DNAの一部が「遺伝子」で、人間なら髪の毛や目の色など、野菜なら味や食感などにつながる要素の遺伝情報を持っています。そのため、「生命の設計図」などともよばれます。

定義 (4ページ初出)

ある言葉などが指す、意味や内容をはっきり決めることや、決められた意味や内容そのもの。

伝統野菜 (19ページ初出)

その土地土地で古くからつくられ、食べられてきた伝統的な野菜のこと。同じ場所で長年つくられることで、その土地の風土に合った品種として確立されるため、大量生産され、全国的に流通する野菜とは異なる特徴を持っています。大量生産が難しく、流通させにくいことから生産量が減り、絶滅してしまった品種もありますが、近年はその味や見た目に注目が集まっており、生産量が増えている品種も少なくありません。

天然毒素 (7ページ初出)

人工的につくられた毒物ではなく、魚のフグが持っているテトロドトキシンのように、生物の細胞や体内でつくられる、毒性のある物質のこと。じゃがいもの芽などには、ソラニンのほかにもチャコニンという天然毒素が含まれています。

島嶼部 (35ページ初出)

「島嶼」とは、大小さまざまな島を指す言葉です。日本では大きな島の集まりを「諸島」とよびます。また、日本において単に「島嶼部」とよぶ場合は、東京都の伊豆諸島と小笠原諸島からなる「東京都島嶼部」を指すのが一般的です。

唐人 (101ページ初出)

中国の人を指す言葉です。「唐人菜」は、中国から伝わったとされることから、この名がつきました。

糖度 (48ページ初出)

果実などに含まれる糖分の量を数値で表したもの。糖分には、でんぷん・ブドウ糖・砂糖など甘さの異なる色々な種類がある上に、糖分が多くても、それ以上に酸っぱさや苦味があれば甘みを感じません。そのため、糖度が同じであっても味わいや甘さはさまざまですが、同じ品種同士で糖度を比べるなら、基本的には糖度が高いほど甘いと考えられます。

日本農業遺産 (55ページ初出)

日本において、重要かつ伝統的な農林水産業を営んでいる地域を農林水産大臣が認定する制度。国際連合食糧農業機関（FAO）が、世界的に重要かつ伝統的な

用語集

農林水産業を営む地域を認定する「世界農業遺産」という制度もあります（日本では2017年12月現在で9地域が認定）。

農林水産省 ……… (4ページ初出)
日本の農業・林業・水産業・畜産業を管轄（取りあつかう範囲のこと）する行政機関。

はんらん ……… (49ページ初出)
漢字では「氾濫」。川などの水が増えて勢いよくあふれ出すこと。川などのはんらんによって、市街地や農地が水びたしになる自然災害を「洪水」とよびます。また、洪水などがよく起こる地域から、水害を減らすための事業を行うことを「治水」とよびます。

干潟 ……… (98ページ初出)
潮の満ち引きに合わせて、地面が出ること、水没することを1日に2回繰り返す砂地や泥地の中で、幅や面積などの一定の条件を満たしている平坦地のこと。

肥厚 ……… (11ページ初出)
動植物の器官やその一部分などが、肥えて厚くなり体積が増えること。

品種改良 ……… (13ページ初出)
植物や家畜を、目的に合ったよりよい品種を生み出すために、人工的に改良すること。野菜の場合、突然変異的に生まれた優れた個体を選んで育てていく「選抜育種」や、"寒さに強く収穫量が少ない品種"と"寒さに弱いが収穫量の多い品種"といった異なる特徴を持った品種同士をかけ合わせる「交雑育種」などの方法で改良が行われます。

伏流水 ……… (44ページ初出)
河川やその付近の水が、地層に浸透して流れるようになった、浅い場所を流れる地下水の一種。河川の下の浅い地層は砂利などで構成される砂礫層であり、砂などが水を濾過（液体や気体に混じる異物を、フィルターとなるものに通して取りのぞくこと）するため、一般的には水質が良好であるとされます。

ブランド ……… (7ページ初出)
本来は、ある商品やサービスを、ほかの同じような商品やサービスと区別するためにつくられた名称などを指す言葉です。現在は、単に区別するだけではなく、高級品やそのメーカーなど、ほかと比べて優れているものを指す意味で使われることが一般的です。

非分げつ性 ……… (70ページ初出)
イネなどのように、植物の根に近い茎の節から枝分かれが起こることを「分げつ」と言います。ねぎは品種によって分げつするものと、そうでないものがあり、

分げつしない性質を「非分げつ性」と言います。

ベンチャー企業 ……… (99ページ初出)
「ベンチャー（Venture）」は英語で、「冒険」といった意味があり、冒険的な新しい取り組みを事業にするために設立された、新しい中小企業を「ベンチャー企業」と言います。インターネットに関係する、新しい技術で事業を行う企業に使われることが多い言葉です。

葉柄 ……… (29ページ初出)
葉の一部分で、葉を支え、茎や枝につながる柄のような部分のこと。

鱗茎 ……… (11ページ初出)
地下茎の一種で、短い茎に、肥厚した葉（鱗片葉）が層のように重なっているもの。たまねぎの場合、一般的に「芯」とよばれる部分が茎で、そこから1枚ずつはがせる部分が鱗片葉です。

露地栽培 ……… (46ページ初出)
ビニールハウスなどの設備を用いずに、屋根のない露天の耕地で農作物を育てる栽培方法のこと。

わき芽 ……… (54ページ初出)
植物の葉や茎のつけ根から出る芽のこと。野菜づくりにおいては、栄養を少ない果実に集中させて味や栄養価を高めるために、わき芽をある程度取り除く「わき芽かき」を行うことがあります。

さくいん

あ

あさつき	84
小豆（あずき）	6
アスパラガス	6,12,16,20,58,79,98,100,101
いちご	4,14,15,22,26,27,74,96,97,98,99,100,104
一年草（いちねんそう）	6,13,14,16,18,19,20,21,24,26,30,33,34,35,36,37,45,49,51,52,53,54,56,58,62,66,72,73,83,86,88,90,96,97,99,104,106,108,110
うど	34,35,101
うるい	12,40
エシャレット（エシャ）	76
エシャロット	76
えだまめ（枝豆）	16,18,19,22,40,66,68
オクラ	35,108,110

か

かいわれだいこん	96
火山灰,火山灰質（かざんばい,かざんばいしつ）	7,25,33,49,77,103,108
果皮（かひ）	33,36,79,112
かぶ（蕪）	11,18,19,30,32,42,51,61,62,64,71,78,101
かぼちゃ（南瓜）	6,21,36,44,80,84,105,106,107,108
カリフラワー	86
かんぴょう（ゆうがお）	26,27,62
キャベツ	12,28,29,36,37,42,48,54,56,57,62,68,72,78,82,83,84,88,90,97
きゅうり（胡瓜）	12,14,18,20,44,45,48,67,70,71,86,92,96,97,106,107
菌類（きんるい）	4,6,86,104,113
グリーンピース	72
クレソン	48
くわい	44,66,82
ごぼう	10,24,41,53,58,70,78
米（こめ）	14,16,22,40,42,44,46,62,74,78,109
こんにゃくいも	4,22,28,29,112

さ

砂丘（さきゅう）	40,44,46,76,77,113
さつまいも（かんしょ）	22,24,25,44,54,55,60,87,89,108,109
さといも	18,30,31,32,40,41,42,46,49,60,61,70,90
さとうきび	22,110,111
さやいんげん	4,20,40
さやえんどう	72,108
しいたけ	4,41,86,87,104,113
しそ	90,94
じゃがいも（ばれいしょ）	4,6,7,8,9,10,22,38,46,58,100,114
しゅんぎく（春菊,菊菜）	14,66
じゅんさい	16
しょうが（生姜）	22,54,72,92
しろうり	86
スイートコーン（とうもろこし）	6,19,48
すいか（西瓜）	4,18,19,32,40,44,46,76,77,102
ズッキーニ	50,106
砂地（すなじ）	72,89,116
せり	14,44,78,91
セルリー（セロリ）	50,54,88
そらまめ	40,90

た

だいこん（大根）	6,8,10,12,13,17,21,22,35,36,37,52,55,57,58,63,64,70,76,78,94,96,109
大豆（だいず）	4,6,16,22,68
たけのこ	64,88,93,96
たで	97
多年草（たねんそう）	6,7,10,11,12,13,14,15,16,18,21,24,26,28,29,30,34,48,49,50,54,55,58,64,66,71,72,74,76,82,84,89,99,105,108,111
たまねぎ	6,26,37,42,54,56,62,68,69,72,76,80,82,84,90,91,98,100,102,106,114,117

地下茎	7,11,24,31,84,113,114,117
ちんげんさい	24,37
つる性（つる性植物）	10,18,19,26,36,45,55,58,72,86,106,108,110
伝統野菜	19,21,34,35,36,51,53,59,60,61,63,64,65,66,67,70,71,101,110,115
とうがらし（唐辛子）	13,64,104,105
とうがん（冬瓜）	36,110
土壌	25,29,33,46,47,49,57,76,77,81,87,96,98,99,103
トマト	12,13,20,21,22,24,26,38,48,50,52,56,58,60,72,78,86,96,97,100,102,103,104

な

なす（なすび）	38,41,48,49,55,62,63,64,65,66,67,70,86,92,93,96,98,102
なばな	34,40,42,60
にがうり（ゴーヤー）	110
二年草	25,42,50,51,53,54,58,62,86,88,90,103
にら	20,26,81,92
にんじん	6,8,10,41,42,49,52,53,88,89,94,111
にんにく	10,11,88
ねぎ	8,16,17,29,30,31,32,42,44,64,65,70,76,78,82,84,104,116
粘土，粘土質	47,96
農林水産省	4,15,16,18,19,22,38,45,55,72,74,86,112,116
野沢菜	51,83
のらぼうな	36

は

ハウス栽培	14,20,21,25,46,48,72,92,93,107
はくさい（白菜）	8,12,15,22,24,25,72,78,80,81,101
パクチョイ	37
葉しょうが	54
パセリ	50,94
花みょうが	16,70,71,92,93,114
パパイヤ	111
パプリカ（カラーピーマン）	14,106
春の七草	14,44,52,91
ピーマン	12,13,14,24,92,98,104,106,108
ふき（ふきのとう）	28,56,66
ブロッコリー	56,79,85,86,88,102
ほうれんそう（ほうれん草）	12,13,16,26,30,32,36,37,42,52,64,70,82

ま

マッシュルーム	80
豆類	4,16,22
みつば	105
芽キャベツ	54
メロン	4,7,18,25,44,45,46,53,78,79,86,102
モロヘイヤ	28,34,52,60,110

や

やまのいも（山芋，自然薯）	10

ら

らっかせい（落花生，ピーナッツ）	22,32,33
らっきょう（花らっきょ）	46,47,76,77,110
ラディッシュ	56
ルッコラ	34
レタス	12,24,50,51,54,68,88,89,96,100
れんこん（蓮根）	24,41,80,84,85
露地栽培	46,72,92,107,114,117

わ

わけぎ	82,84
わさび	50,55,94

監　修	**河鰭 実之**（かわばた さねゆき） 東京大学大学院農学生命科学研究科附属生態調和農学機構教授。 1985年東京大学農学部卒業。1991年東京大学大学院博士課程修了。 果実の糖濃度に関する研究やトルコギキョウの八重咲き遺伝子の解析、 人工光植物工場による野菜の生産など幅広い研究を手掛ける。
編　著	野菜・くだもの探検隊
執　筆	出田 恵史・鈴木 直
協　力	西野 宏平
デザイン	KIS
企画協力	新潟学習社
参考文献	本書は2017年9月時点の各自治体や、野菜の写真などを提供いただいた企業や組織等のウェブサイトやパンフレットおよび、下記書籍を参考に執筆させていただきました。 石尾員浩　1995年　『野菜と果物 ポケット図鑑』　主婦の友社 板木利隆ほか監修　2013年　『小学館の図鑑NEO 野菜と果物』　小学館 亀田龍吉　2016年　『花からわかる野菜の図鑑 -たねから収穫まで-』　総合出版 公益財団法人東京都農林水産振興財団　2017年　『東京の農林水産業 東京の島々』JTBパブリッシング 谷川彰英監修　2012年　『ジュニア都道府県大図鑑 ジオ』　学研教育出版

※野菜の収穫量などのデータは、2018年1月時点で最新の、農林水産省による作物統計の確報を参照しています。「スイートコーン（とうもろこし）」や「セルリー（セロリ）」など、作物の名称や平仮名・片仮名などの表記は、基本的に農林水産省が統計で使用しているものに準拠しました。ただし、「じゃがいも」や「さつまいも」（農林水産省の作物統計ではそれぞれ「ばれいしょ」と「かんしょ」）など、農林水産省と異なる名称・表記を使用した作物もあります。

しらべよう！
47都道府県の野菜

2018年3月　初版第1刷発行

監　修	河鰭 実之
編　著	野菜・くだもの探検隊
発行者	小安 宏幸
発行所	株式会社汐文社 〒102-0071　東京都千代田区富士見1-6-1　富士見ビル1F TEL.03-6862-5200　FAX.03-6862-5202 URL http://www.choubunsha.com
印　刷	新星社西川印刷株式会社
製　本	東京美術紙工協業組合

ISBN 978-4-8113-2439-5